I0440581

PARA MÁS INFORMACIÓN VISITA:

https://consultadelta.com

El Autor

HOLA, ME LLAMO ALEJANDRO MONASTERIO

Mi trayectoria está enfocada en ayudar a negocios y emprendedores a potenciar su presencia online.

Inicié en este campo de forma autodidacta, explorando por mi cuenta las mejores prácticas de optimización de sitios web. Poco a poco fui escalando posiciones con mi propia plataforma, Consulta Delta, aplicando las técnicas más innovadoras de SEO.

Me apasiona crear contenidos de calidad, analizar datos y encontrar insights accionables que generen resultados reales para mis clientes. Soy un firme creyente de que el SEO bien implementado puede catapultar cualquier negocio, sin importar su tamaño o nicho.

Con este ebook busco compartir los conocimientos que he adquirido a través de mi propia experiencia y constantes investigaciones. Mi objetivo es brindar una guía práctica y amigable para que cualquier persona pueda aprender y aplicar SEO de forma efectiva.

Espero que disfrutes leyendo este material tanto como yo disfruté creándolo.

MAS EN CONSULTADELTA.COM

POR FAVOR, AYÚDANOS CON UNA RESEÑA HONESTA.
ES MUY IMPORTANTE PARA NOSOTROS SABER TU OPINIÓN.

Gracias por la compra!

ÍNDICE

CAPÍTULO 1

¿Qué es el SEO y por qué es importante?

El SEO, también conocido como optimización de motores de búsqueda, es el proceso de mejorar la visibilidad de un sitio web en los resultados orgánicos (no pagados) de los buscadores como Google, Bing o Yahoo.

En términos simples, el SEO se enfoca en optimizar un sitio web y su contenido

¿CON QUE OBJETIVO?

Nuestra misión es que nuestra web o contenido aparezca entre los primeros resultados de búsqueda cuando alguien escribe ciertas palabras clave o frases relacionadas a un producto, servicio o tema en particular.

Por ejemplo, si tienes una tienda online de zapatos, querrás aparecer entre los primeros resultados cuando alguien busque términos como "zapatos de mujer", "zapatos casuales", "zapatillas running", "botas invierno" y otras variaciones. Ahí es donde entra la magia del SEO.

Al aplicar las técnicas correctas de SEO en tu sitio web, le estás indicando a Google y otros buscadores que tu página es relevante, de calidad y útil para esas búsquedas específicas. Como resultado, te posicionarás por encima de otros sitios web que no están optimizados para esos términos.

LOS BENEFICIOS DE APLICAR SEO EN TU SITIO WEB INCLUYEN

- Más tráfico cualificado y oportunidades comerciales. Si tu sitio web aparece en los primeros resultados de Google para los términos más buscados de tu industria o productos, recibirás exponencialmente más visitantes interesados en lo que ofreces.
- Aumento de credibilidad y confianza. Estar bien posicionado transmite autoridad sobre un tema a los ojos de los usuarios. Prefieren sitios en los primeros lugares.
- Reducción de costos de marketing. No hay que pagar para obtener tráfico de motores de búsqueda gracias al SEO.
- Ventaja competitiva. Superarás a los rivales de tu nicho que no invierten tiempo y esfuerzo en optimización SEO.
- Mayor retorno de la inversión. Un sitio SEO-friendly puede aumentar las conversiones sin grandes gastos en publicidad.
- Resultados sostenibles. El tráfico por SEO orgánico permanece y crece si se mantiene el trabajo constante de optimización.

Para una pyme o negocio nuevo, el SEO es vital

Sobre todo, para comenzar a generar "awareness" (reconocimento comercial) y llegar al público objetivo de forma económica. Para marcas más grandes, SEO refuerza la presencia online y aporta tráfico complementario a otras estrategias como el SEM, que veremos más adeltante.

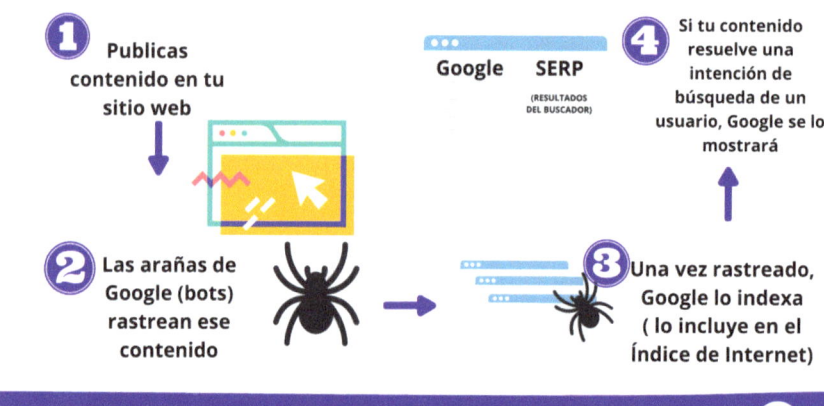

1 Publicas contenido en tu sitio web

Google SERP (RESULTADOS DEL BUSCADOR)

4 Si tu contenido resuelve una intención de búsqueda de un usuario, Google se lo mostrará

2 Las arañas de Google (bots) rastrean ese contenido

3 Una vez rastreado, Google lo indexa (lo incluye en el Índice de Internet)

CONSULTADELTA.COM

CONSULTA DELTA

VAMOS CON UN EJERCICIO SENCILLO

Usted es el consultor de SEO de Alfombras Abril, una empresa familiar con más de 50 años dedicada a la fabricación y venta de alfombras y moquetas en España. Su cliente quiere mejorar el posicionamiento online de su sitio web www.ejemploalfombras.es y le pide que analice la página para recomendar 10 palabras clave óptimas para optimizar.

Realice un análisis del sitio web de Alfombras Abril y provea una lista de 10 palabras clave recomendadas. Justifique brevemente su selección.

SOLUCIÓN

1. Alfombras - Palabra clave principal que describe el producto que venden.
2. Moquetas - Otro de sus productos principales.
3. Alfombras de pelo - Un tipo específico que fabrican.
4. Alfombras a medida - Ofrecen fabricación personalizada.
5. Alfombras Barcelona - Su ubicación geográfica.
6. Limpieza de alfombras - Servicio que ofrecen.

Elegí estas palabras clave porque representan los productos, servicios y ubicación de la empresa, además de términos de búsqueda específicos del nicho de las alfombras. Optimizando con estas palabras mejorará su visibilidad para clientes potenciales.

06

CAPÍTULO 2

Optimización on-page
Aspectos técnicos

La optimización on-page hace referencia a todos los ajustes y modificaciones que se pueden realizar directamente en las páginas de un sitio web para mejorar su posicionamiento orgánico en motores de búsqueda como Google.

¿Cuál es su cometido?

Se enfoca en optimizar una amplia variedad de elementos dentro de cada página, desde aspectos técnicos como el código y la estructura del sitio, hasta el contenido, las imágenes y la experiencia de usuario.

ALGUNOS DE SUS ELEMENTOS

- Estructura de URLs amigables y limpias
- Etiquetas title y meta description optimizadas
- Contenido de calidad enfocado en keywords específicas
- Velocidad de carga del sitio

Una buena optimización on-page requiere un trabajo minucioso en cada página. Transmite a los buscadores que el sitio está bien estructurado y ofrece contenido relevante de valor para los usuarios. Esto se traduce en mejor posicionamiento orgánico.

Estructura de URLs amigables

Las URLs, también conocidas como direcciones web, juegan un papel importante en el posicionamiento de páginas en buscadores.
Los motores de búsqueda prefieren URLs simples, cortas y fáciles de leer tanto para los usuarios como para sus propios algoritmos.
Por ejemplo, es mejor utilizar:
www.midominio.com/zapatillas-running-m123
En lugar de:
www.midominio.com/producto.php?id=123

¿Y por qué es mejor?

Las URLs amigables, sin códigos raros o números innecesarios, tienen varias ventajas:

- Son más fáciles de entender y recordar para usuarios.
- Transmiten de forma clara la temática y contenido de la página.
- Ayudan a los motores de búsqueda a categorizar mejor el contenido.
- Se ven más profesionales.
- Ocupan menos espacio en SERPs (resultados de búsqueda).
- Incrementan las probabilidades de generar backlinks de calidad.

En definitiva, invertir tiempo en estructurar URLs amigables como parte de la optimización on-page es una práctica recomendada de SEO que te ayudará a posicionarte mejor.

Etiquetas title y meta description

Las etiquetas HTML title y meta description proporcionan información clave sobre cada página a los motores de búsqueda.
El title aparece en los resultados de búsqueda como el título de la página. La meta description se muestra como un resumen o descripción de lo que contiene esa página.

PARA OPTIMIZAR ESTOS ELEMENTOS:

- El title debe contener las palabras clave principales para esa página, idealmente cerca del inicio. No debe superar los 55-60 caracteres.
- La meta description debe tener entre 150-160 caracteres e incluir algunas keywords secundarias además de las primarias.
- Ambos deben ser descripciones precisas en lenguaje natural, atractivas para hacer clic por los usuarios.
- No repetir el mismo title y description en todas las páginas. Optimizar cada una de forma única.

VAMOS CON UN EJEMPLO

Title: Zapatillas running de color rojo para hombre y mujer

Meta description: Las zapatillas running de color rojo son ideales para correr en asfalto y cemento. Descubre la amortiguación y comodidad en tus carreras.

09

Contenido optimizado con palabras clave

¿Alguna vez has buscado en internet algo como "mejor marca zapatillas running"? Es muy común que la mayoría de las búsquedas que realizan los internautas sean palabras o grupos de palabras que no usamos en una conversación, ¿te lo imaginas? Es por ello que cuando realices una estrategia de palabras clave te encuentres resultados con más búsquedas como "mejor camiseta térmica ciclismo" en vez de "cual es la mejor camiseta térmica de ciclismo".

¿Y COMO PODEMOS OPTIMIZAR ESTO?

- Realiza una investigación de palabras clave para identificar los términos más relevantes para cada página y utilízalos de forma estratégica en el contenido.
- Incorpora la palabra clave primaria en títulos, subtítulos y en la primera oración de cada párrafo.
- Usa variaciones y sinónimos de las keywords a lo largo del contenido para no sobre-optimizar.
- El contenido debe leerse de forma natural, no forzar las keywords. Debe aportar valor al usuario.
- Incluye palabras clave en nombres de archivos multimedia y en el texto alt de imágenes.
- Obtén keywords secundarias de las preguntas que los usuarios hacen sobre un tema y créalas naturalmente.
- Actualiza contenidos antiguos para incorporar nuevas keywords relevantes.
- Utiliza keywords en anclas internas de link para indicar de qué trata esa sección al hacer clic.

PERO MÁS IMPORTANTE

Recuerda que el contenido para usuarios es más importante que el contenido para motores de búsqueda. Ofrece información de calidad centrada en tus palabras clave sin sobre-optimizar.

LLEGO EL TURNO DEL EJEMPLO

Usando "zapatillas running" como palabra clave primaria:

- Título: Las mejores zapatillas running para principiantes
- Primer párrafo: Si estás empezando a correr y buscas las zapatillas running ideales, hay algunos aspectos clave que debes considerar para evitar lesiones y rendir cómodamente en tus entrenamientos. En esta guía te mostramos las 5 mejores zapatillas running para principiantes.
- Segundo párrafo: Lo primero a tener en cuenta en las zapatillas de running para corredores novice es el tipo de amortiguación...

¿OTRO EJEMPLO?

Usando "dietas saludables" como palabra clave:
- Título: 10 consejos para llevar una dieta saludable según nutricionistas
- Introducción: Mantener una alimentación nutritiva y equilibrada es clave para gozar de bienestar y energía. En este artículo, nutricionistas comparten diez sencillos consejos para llevar una dieta saludable y mejorar tus hábitos...

Como ves, se incorporan las keywords de manera orgánica sin forzarlas.
El contenido está pensado para el usuario.

Velocidad de carga y experiencia de usuario

La velocidad de carga de un sitio web es un factor clave que influye directamente en el posicionamiento SEO.

Los motores de búsqueda dan prioridad a los sitios que se cargan rápido y brindan una buena experiencia de usuario, especialmente en dispositivos móviles.

Optimizar la rapidez y rendimiento del sitio no solo mejorará tu posicionamiento, sino que también reducirá la tasa de rebote de visitantes y aumentará las conversiones.

En esta sección exploraremos algunas técnicas para acelerar la carga de páginas y crear una experiencia positiva para los usuarios, aspectos que Google valora cada vez más a la hora de ranquear un sitio.

AQUÍ ESTÁN ALGUNOS CONSEJOS

Un sitio rápido, limpio y fácil de navegar mejora la experiencia de usuario, la tasa de rebote y el posicionamiento en buscadores. Debes optimizarla tanto para humanos como para robots de indexación. Con estas optimizaciones, el sitio web será más rápido, usable y tendrá más oportunidades de posicionarse mejor en resultados de búsqueda relevantes. Sigue estas indicaciones:

1. Utiliza un hosting y CDN rápidos para reducir el tiempo de carga de las páginas.
2. Habilita la compresión gzip para disminuir el peso de los archivos HTML, CSS y JS.
3. Optimiza, reduce y comprime el tamaño de imágenes sin perder calidad.
4. Minifica HTML, CSS y JS para eliminar espacios y código innecesario.
5. Optimiza consultas a bases de datos y utiliza caché del lado del servidor.
6. Elimina recursos y widgets innecesarios que ralentizan la carga.
7. Implementa un diseño responsive para facilitar la navegación desde móviles.
8. Asegura que los botones, menús y navegación sean obvios y fáciles de usar.
9. Prioriza contenido sobre el diseño. Evita interstitials molestos.
10. Habilita AMP para las páginas móviles.
11. Realiza pruebas de velocidad y UX en distintos dispositivos.

CAPÍTULO 3

Optimización off-page Construyendo autoridad

* La optimización off-page hace referencia a todos los factores externos a un sitio web que influyen en su posicionamiento SEO.

Uno de los aspectos más importantes del off-page SEO es obtener backlinks, es decir, enlaces entrantes de calidad desde otras páginas web.

Qué son y cómo obtener backlinks de calidad

Los backlinks son vitales porque ayudan a transferir autoridad SEO a un sitio web, señalando su credibilidad y popularidad ante Google. Así, nuestro ranking mejorará sustancialmente.

En este capítulo exploraremos en detalle qué son los backlinks de calidad, por qué son un factor clave de posicionamiento y algunas estrategias efectivas para construir backlinks sólidos que potencien nuestro SEO off-page.

LOS BACKLINKS DE CALIDAD ES IMPORTANTE PORQUE:

- Demuestran la credibilidad y popularidad de un sitio web.
- Transfieren autoridad SEO, mejorando el ranking en motores de búsqueda.
- Generan tráfico cualificado y oportunidades de negocio.
- Incrementan el reconocimiento de marca o negocio.

ALGUNAS MANERAS DE OBTENER BACKLINKS

- Contenido invitado o guest posting en blogs de tu sector.
- Participar en directorios y listados web relevantes.
- Conseguir menciones en medios digitales autorizados.
- Crear recursos útiles (ej. infografías) aptos para que otros sitios los compartan.
- Establecer relaciones con influencers, líderes de opinión y sitios afines para generar enlaces.
- Utilizar un directorio de sitios web como Moz o SEMRush para identificar opportunities.

ALGUNAS PLATAFORMAS POPULARES PARA OBTENER BACKLINKS

- Directorios y listados web: Directorio activo, Botw, Best of the Web, etc.
- Plataformas de contenido invitado: Medium, Forbes, Entrepreneur, HuffPost.
- Comunidades y foros temáticos: Reddit, Quora, StackOverflow, WarriorForum, etc.
- Directorios y perfiles locales: Google My Business, Apple Maps, Páginas Amarillas.
- Article directories: EzineArticles, SelfGrowth, ArticlesFactory.
- Sitios de preguntas y respuestas: Yahoo Answers, Ask.com
- Comunidades de nicho: Crunchbase, AngelList para startups.
- Plataformas de podcasts y blogs: Blogspot, Tumblr, Anchor.fm
- Redes sociales: Perfiles en Twitter, LinkedIn, Facebook, Instagram.
- Agregadores de contenido: Scoop.it, Reddit, Digg.

Guest posting: escribe contenidos como invitado

Es una estrategia de generación de backlinks muy efectiva para mejorar el posicionamiento off-page de un sitio web. Consiste en crear contenido de valor y publicarlo en blogs y sitios web de terceros, obteniendo así un enlace entrante en una fuente de autoridad.

CONSEJOS PARA GUEST POSTING:

- Identifica sitios relevantes para tu nicho y audiencia con buen tráfico.
- Estudia los contenidos que publican para crear posts alineados.
- Ofrece contenido original, bien investigado y útil para sus lectores.
- Presenta un bosquejo del contenido al editor antes de redactar.
- Incluye 1-2 enlaces a tu sitio de forma natural en el contenido.
- Solicita un enlace en la bio o recursos relacionados.

Plataformas para guest posting: Medium, Forbes, Entrepreneur, Social Media Today, HuffPost, publicaciones de nicho.

Usa las redes sociales para mejorar posicionamiento

CONSEJOS PARA USAR REDES SOCIALES PARA SEO:

- Crea perfiles activos en redes como Facebook, Twitter, LinkedIn, Instagram, YouTube.
- Publica contenido frequency sobre tu nicho, no solo promociones. Videos y fotos funcionan bien.
- Utiliza hashtags relevantes para tus keywords para incrementar descubrimiento.
- Fomenta engagement e interacción con seguidores.
- Incluye enlaces a tu sitio web de forma natural en las publicaciones.
- Investiga hashtags e influencers populares en tu sector para sumarte a las conversaciones.
- Monitorea menciones y comentarios para responder y generar share.
- Crear perfiles completos con enlace a tu sitio.

EJEMPLO:

Publica videos tutoriales semanales en Instagram Reels sobre running, etiquetados con #runningtips. Comparte en Facebook y Threads extractos en formato nativo. Responde dudas de seguidores y enlaza a contenido relacionado de tu blog.

CAPÍTULO 4

Herramientas SEO Análisis y monitorización

✳ Contar con las herramientas adecuadas para el análisis y monitorización de nuestros esfuerzos SEO es esencial para medir el progreso y tomar decisiones informadas.

Google Analytics y Search Console

Google Analytics y Google Search Console son dos plataformas gratuitas fundamentales para el análisis SEO. Permiten recopilar y monitorizar datos valiosos sobre el rendimiento de un sitio.

- Google Analytics: información sobre tráfico, fuentes, contenido, conversiones.
- Google Search Console: datos de indexación, posicionamiento, keywords, backlinks.

CONSEJOS DE USO

- Conectar Google Analytics y Search Console para correlacionar datos.
- Configurar informes personalizados en Analytics para tracking de KPIs.
- Revisar datos de indexación en Search Console para detectar problemas.
- Analizar el rendimiento de contenidos y keywords en ambas plataformas.

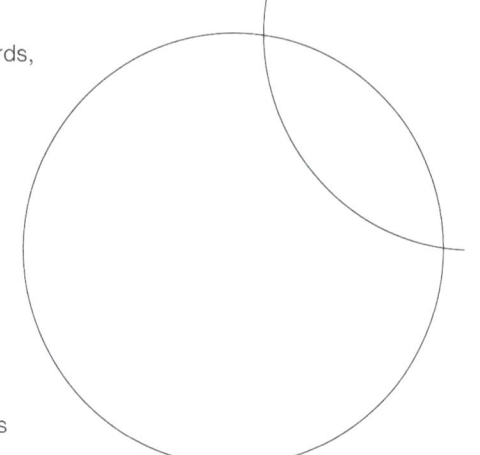

Puedes utilizar Google Analytics para monitorizar el incremento de tráfico orgánico semana a semana después de optimizaciones on-page. Corrobora posiciones de keywords en Search Console.
Estas plataformas proveerán insights clave sobre la estrategia SEO ejecutada.

Google Analytics

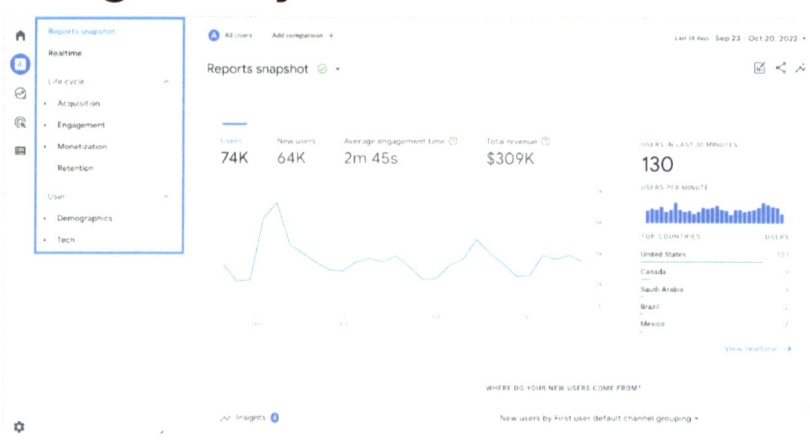

16

PASOS A SEGUIR

1. Crear una cuenta en Google Analytics si no tienes una.
2. Configurar una nueva propiedad para tu sitio web ingresando la URL.
3. Instalar el código de seguimiento de Analytics en todas las páginas de tu sitio. Esto se hace agregando un snippet de JavaScript antes de la etiqueta </head>.
4. Verificar que el tracking esté funcionando visitando tu sitio e identificándote como usuario en la vista en vivo de Analytics.

Google Search Console

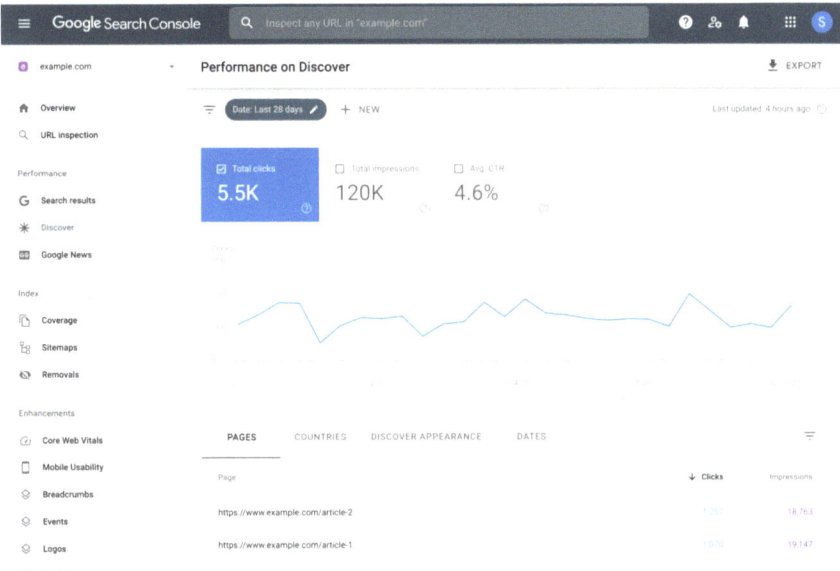

PASOS A SEGUIR

1. Crear una cuenta en Google Search Console si no tienes una.
2. Verificar que eres propietario del sitio mediante los métodos disponibles (HTML, metatags, DNS, etc).
3. Agregar tu sitio web en la cuenta e ingresar todos los dominios y URLs relevantes.
4. Verificar la propiedad en Search Console para confirmar que tienes control.
5. Navegar por las distintas secciones en Search Console para monitorear indexing, errores, etc.
6. Agregar el sitio a una organización de Search Console si tienes varios sitios.

Aquí hay algunas estrategias que puedes implementar en Google Analytics y Search Console para mejorar el SEO de tu sitio web:

1. En Search Console, revisa las palabras clave que generan más clicks e impresiones orgánicas.
2. En Analytics, configura esas keywords como dimensión secundaria de tráfico para analizar su comportamiento.
3. Identifica las páginas de destino para esas keywords y analiza métricas como rebote, duración en la página, etc.
4. Optimiza esas páginas destino para mejorar la experiencia de usuario y conversión según los insights de Analytics.
5. En Search Console, solicita nuevo rastreo para esas URLs optimizadas.
6. Utiliza Analytics para verificar que el tráfico y comportamiento orgánico de esas keywords mejora después de los cambios.
7. Repite el proceso eligiendo nuevas keywords a optimizar y páginas destino en base a datos de Search Console.
8. Usa Analytics para crear audiencias y remarketing para usuarios que llegan con keywords específicas.

KPIs para medir resultados de SEO

Los KPIs o Key Performance Indicators son métricas clave para monitorizar el progreso y éxito de iniciativas SEO.

KPIs importantes:

- Tráfico orgánico mensual
- Palabras clave en top posiciones
- Tiempo en el sitio
- Bounce rate
- Conversión de objetivos
- Backlinks obtenidos

Consejos de análisis:

- Establecer objetivos claros y KPIs alineados
- Segmentar por páginas, contenido, dispositivos
- Comparar con benchmarks y rankings anteriores
- Automatizar reportes periódicos de KPIs
- Utilizar KPIs para tomar acciones y mejorar SEO

Objetivos KPIs

En la siguiente hoja te presento un ejemplo de estrategia de SEO enfocada en KPIs:

Objetivo: Incrementar tráfico orgánico y leads mensuales en un 20% en 6 meses.

KPIs

- Tráfico orgánico mensual - Medir volumen total y crecimiento porcentual mensual.
- Palabras clave ranking - Monitorizar posiciones de ranking para 10 keywords clave. Meta: top 10.
- Páginas indexadas - Verificar que todas las páginas del sitio son indexadas por Google.
- Velocidad de carga - Tiempo de carga promedio, apuntar a <3 segundos.
- Tasa de rebote - Mantener por debajo del 60% para las páginas de destino de keywords clave.
- Tiempo en sitio - Aumentar el promedio por sesión a 2 minutos.
- Leads por email y formularios - Recuento y crecimiento mensual.

Acciones

- Optimizar texto on-page en páginas de productos/servicios.
- Generar más contenido de valor sobre keywords clave.
- Mejorar tiempos de carga implementando técnicas de optimización.
- Auditar internamente la usabilidad y reconvertir páginas con alta tasa de rebote.
- Promover llamadas a la acción para generar leads.
- Campañas gratuitas de tráfico pagado para impulsar orgánico.

Monitorizando estos KPIs y ejecutando acciones alineadas podremos alcanzar el objetivo de crecimiento de tráfico y leads.

CAPÍTULO 5

Errores comunes de SEO que debes evitar

＊En el camino para mejorar el posicionamiento de un sitio web, es común cometer ciertos errores de novato que pueden afectar negativamente nuestro SEO. Identificar y solucionar estas malas prácticas hará una gran diferencia en los resultados obtenidos.

Errores de SEO más frecuentes y cómo podemos corregirlos

Existen diversos errores que podemos cometer sin darnos cuenta al ejecutar una estrategia SEO, y que perjudican nuestro posicionamiento orgánico. Veamos algunos ejemplos habituales y sus posibles soluciones.

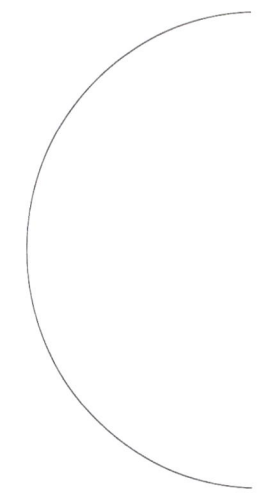

- Contenido duplicado o de baja calidad.

Solución: ofrecer contenido original, útil y bien investigado.

- Optimización excesiva de keywords.

Solución: enfocarse en contenido para usuarios con optimización natural.

- Falta de optimización móvil y de velocidad.

Solución: aplicar técnicas de optimización de velocidad y diseño responsive.

- Poca autoridad de dominio.

Solución: construir backlinks progresivamente desde fuentes de relevancia.

- Uso de técnicas de spam.

Solución: enfocarse sólo en técnicas white hat éticas.

VAMOS CON UN EJERCICIO

Juan tiene una tienda online de venta de productos de belleza y quiere mejorar su posicionamiento en Google. Decide crear 10 páginas idénticas sólo enfocadas en la palabra clave "productos belleza" para intentar rankear rápido en los resultados de búsqueda.

¿Es esta una buena estrategia de SEO para Juan? ¿Qué recomendaciones le darías para mejorar sus resultados a largo plazo?

SOLUCIÓN

No, crear múltiples páginas duplicadas enfocadas en una sola palabra clave no es una buena estrategia de SEO porque satura los resultados de búsqueda y puede ser penalizado por spam. En su lugar, le recomendaría a Juan:

- Crear contenido único, de calidad y centrado en resolver dudas y necesidades reales de los usuarios interesados en productos de belleza.
- Incorporar la palabra clave "productos belleza" de forma natural en los textos, no repetirla cientos de veces.
- Optimizar la experiencia de usuario con un sitio web rápido, responsive y fácil de navegar.
- Construir backlinks de forma ética ofreciendo recursos de valor para la industria de la belleza.
- Analizar keywords relacionadas con menor competencia para diversificar.
- Tener paciencia y ejecutar acciones de optimización constantemente, el SEO lleva tiempo.

Con contenidos de calidad, técnicas "white-hat" (ganar autoridad sin atajos) y ejecución a largo plazo, podrá mejorar su posicionamiento orgánico en Google. 21

CAPÍTULO 6

Investigación de palabras clave

La investigación de palabras clave es una parte fundamental de cualquier estrategia SEO, ya que nos permite identificar los términos y temas más relevantes para nuestro negocio en los que deberíamos enfocar nuestros esfuerzos de optimización

Entendiendo la intención de búsqueda del usuario

Más que palabras clave, lo que realmente debemos comprender es la intención detrás de una consulta en el buscador. Esto nos ayudará a crear contenido que resuelva lo que los usuarios están buscando.

Cuando los usuarios escriben una consulta o pregunta en el buscador, lo hacen con una necesidad o intención específica en mente. Existen tres tipos principales de intenciones de búsqueda:

• NAVEGACIONAL

El usuario quiere llegar a un sitio web específico. Por ejemplo: "youtube", "gmail inicio de sesión".

Para estas consultas es clave que la página destino incluya las palabras clave directamente en el título y URL, y tenga autoridad suficiente a través de backlinks para rankear bien y ser elegida por el buscador como resultado ideal para esa búsqueda navegacional.

• TRANSACCIONAL

El usuario busca realizar una acción directa como una compra o descarga. Ejemplo: "comprar zapatillas nike", "descargar pdf".

En estos casos la optimización se basa en incluir claramente en la página destino botones de llamada a la acción para lograr esa transacción, como botones de compra, links de descarga, formularios, etc. Facilitar que el usuario complete esa acción es la clave.

• INFORMATIVA

El usuario busca información sobre un tema. Por ejemplo: "cómo preparar un bizcocho", "síntomas de gripe".

Para satisfacer esta intención, el contenido debe ser de alta calidad, responder exhaustivamente la consulta, incluir datos, estadísticas, ejemplos, estudios de casos, comparaciones. La profundidad, amplitud y utilidad de la información presentada es fundamental.

PARA UNA OPTIMIZACIÓN SEO EFECTIVA...

...es clave analizar detalladamente la consulta ingresada para entender la intención real tras la búsqueda.

También conviene identificar en qué etapa del proceso de compra o funnel de conversión se encuentra el usuario según la palabra clave utilizada.

Finalmente, se debe crear un contenido que se adapte y resuelva de forma óptima esa necesidad, intención y etapa del usuario. Esto maximizará las posibilidades de ranking y convertir esa búsqueda en una visita relevante para nuestro sitio.

Herramientas para keyword research

El proceso de investigación de palabras clave (keyword research) es esencial en toda estrategia de SEO. Existen varias herramientas útiles para hacer una buena investigación de palabras clave:

- **Google Keyword Planner**: Permite ver volumen de búsqueda y obtener ideas de keywords relacionadas. Es gratuita para cuentas Adwords.
- **SEMrush:** Potente software de pago, ideal para analizar keywords, posiciones de la competencia y muchos datos de SEO.
- **Moz Keyword Explorer:** Excelente herramienta gratuita para research con filtros por ubicación, dispositivo, etc.
- **KWFinder:** Genera cientos de variaciones long tail (palabras clave largas) a partir de una palabra semilla. Útil para encontrar low competition keywords.
- **Ubersuggest:** Gratuita, ofrece resultados de volumen, CPC y competencia para expandir ideas de keywords iniciales.

Algunos consejos al usar estas herramientas son: analizar en profundidad el volumen y competencia, identificar variaciones long tail, comparar datos entre herramientas, organizar las keywords en hojas de cálculo o bases de datos, y priorizar los términos con mayor potencial de tráfico y conversión para nuestro negocio. ¡Un keyword research completo es la base del éxito en SEO!

Optimización de contenido

La optimización de contenido es una parte fundamental de cualquier estrategia de posicionamiento en buscadores (SEO). Luego de realizar una investigación de palabras clave, debemos incorporar estratégicamente esos términos dentro de nuestros contenidos en texto. Para ello tienes aquí algunos tips importantes:

• SELECCIONA UNA KEYWORD PRINCIPAL

Esta representa el tema central que cubriremos en el contenido. Este término debe aparecer en el título, la etiqueta H1 o H2, la URL del contenido y dentro del primer párrafo. Esto le indica claramente a Google el tema principal.

• INCORPORAR KEYWORDS SECUNDARIAS

De forma natural y relacionadas al tema central en el cuerpo del contenido. Se recomienda una densidad keyword entre el 2-3%, es decir que el 2 o 3% de las palabras totales sean keywords apuntadas. Una mayor densidad se percibe como sobreoptimización.

• UTILIZA ELEMENTOS DE ÉNFASIS

Como negritas o cursivas en las keywords, incluye variaciones largas de las palabras clave (long tail keywords), y que no caigan en repeticiones excesivas que saturan el contenido (keyword stuffing).

Y recuerda...

Los contenidos ya existentes pueden auditarse y actualizarse periódicamente para incorporar nuevas keywords relevantes para nuestro negocio, siempre manteniendo una redacción natural orientada a aportar valor al usuario.

Optimizando así el contenido de forma estratégica y natural, sin sobreoptimizar, lograremos una mejor indexación en motores de búsqueda y más clics orgánicos desde los resultados de búsquedas relacionadas.

¿TE ATREVES CON UN EJERCICIO?

ENUNCIADO

Usted tiene un sitio web sobre venta de guitarras online y acaba de publicar un nuevo artículo titulado "Historia de las guitarras eléctricas". Realice un análisis de optimización de contenido SEO para mejorar este artículo.

Considere incorporar al menos:

- 2-3 keywords principales
- 5-6 keywords secundarias relacionadas
- Recomendaciones de dónde ubicar las palabras clave en el contenido.

SOLUCION

Keywords principales:

- guitarras eléctricas
- historia guitarras eléctricas
- evolución guitarras eléctricas

Keywords secundarias:

- tipos de guitarras eléctricas
- marcas de guitarras
- guitarras eléctricas más vendidas
- partes de la guitarra eléctrica
- sonido guitarras eléctricas
- guitarras eléctricas famosas

RECOMENDACION

- Utilizar keywords principales en título, subtitles y primera oración
- Incluir secundarias en el cuerpo del contenido
- Palabras clave en negritas y cursivas para dar énfasis
- Densidad keyword 2-3%
- Redacción natural enfocada en el usuario

25

CAPÍTULO 7

SEO local y Google Maps

El SEO local es fundamental para negocios con ubicaciones físicas, ya que les permite atraer clientes de su zona geográfica. Optimizar el perfil de Google My Business y la presencia en Google Maps resulta clave.

Optimización de Google My Business

Google My Business es un perfil gratuito para negocios locales que permite interactuar con clientes e influir en la posición en Maps y búsquedas locales.

Para destacar, lo primero es completar el 100% del perfil con datos precisos de la empresa, imágenes de alta calidad, descripciones optimizadas con keywords, horarios, ubicación exacta, etc.

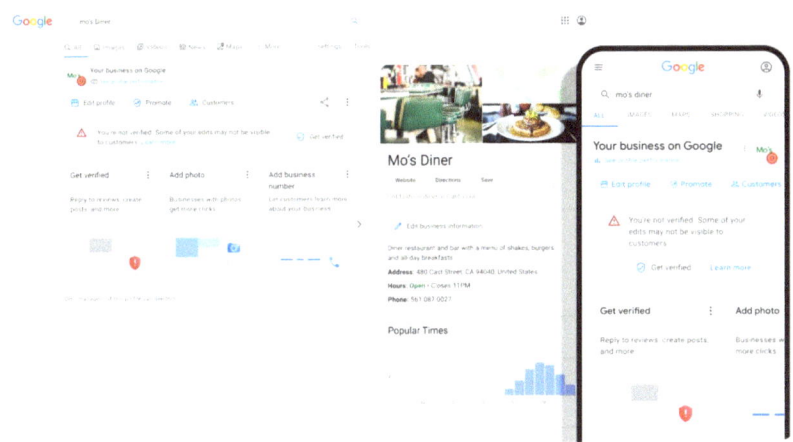

Pero antes de nada...

Te recomiendo que realices el curso gratuito "Digitaliza paso a paso tu negocio con herramientas de Google" cuya duración es de 1,5 horas y con el que recibirás un diploma oficial de Google. En las lecciones aprenderás paso a paso cómo:

- Crear o optimizar el perfil de tu negocio con todos los datos relevantes: dirección, teléfono, horarios, fotos, etc.
- Elegir las categorías adecuadas para que los clientes encuentren tu producto o servicio.
- Redactar descripciones optimizadas con palabras clave para atraer tráfico cualificado.
- Responder reseñas y preguntas de clientes para construir reputación.
- Crear publicaciones e historias atractivas para mantener actualizado tu perfil.
- Analizar métricas para identificar oportunidades de mejora.

Congratulations!

¡Enhorabuena!

Digitaliza paso a paso tu negocio con herramientas de Google

¿Lo tienes? Vamos a la práctica...

Una vez realizado dicho curso, nuestra misión es crear una estrategia largoplacista. Para ello aprovecha esta serie de consejos que te será de utilidad:

- **Información completa**: asegúrate de completar todos los campos obligatorios como nombre, dirección, número de teléfono, categoría de negocio, horarios de atención, sitio web, etc.
- **Fotos de calidad**: sube fotos en alta resolución del exterior e interior de tu local, productos, servicios, personal, etc. Las imágenes atraen la atención de usuarios.
- **Descripciones SEO**: incluye keywords locales en las descripciones de tus productos, servicios, bio, etc. Esto ayuda a rankear para más búsquedas.
- **Elementos destacados**: configura los atributos especiales relevantes para tu negocio como servicio de entrega, wifi, estacionamiento, métodos de pago.
- **Interacción**: responde siempre a los usuarios que dejan reseñas, preguntas o menciones. Esto construye reputación.
- **Publicaciones frecuentes**: crea posts sobre ofertas, eventos u otros contenidos que mantengan actualizado el perfil.
- **Google Posts**: publica posts destacados de ofertas puntuales que aparecerán arriba en los resultados de búsqueda.
- **Vinculación con Analytics**: conecta tu perfil de Google My Business con Analytics y Search Console para entender de dónde vienen tus clientes.

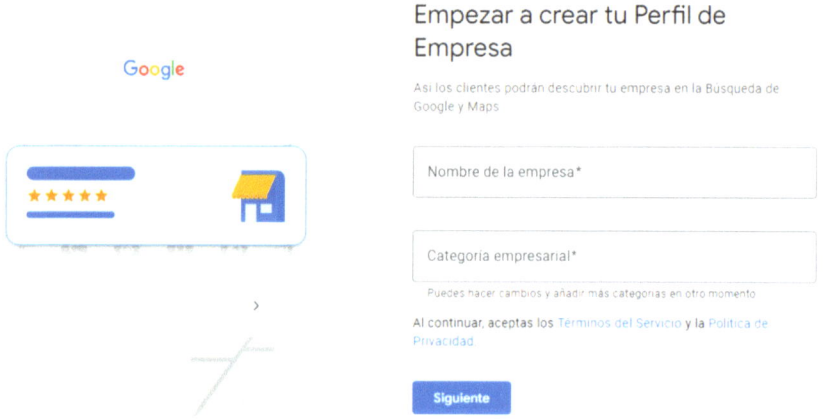

Y no te olvides de...

- **Contar con perfiles sociales activos en plataformas como Facebook e Instagram** permite llegar a más usuarios potencialmente interesados en tu negocio, e interactuar con ellos genera confianza y credibilidad de marca. Es buena idea vincular estas redes sociales a tu perfil de Google My Business.
- **Un sitio web propio bien diseñado**, con información completa, imágenes de calidad y datos de contacto, reforzará la presencia online de tu negocio local. Además, podrás implementar SEO optimizando contenidos con keywords locales para atraer más tráfico cualificado desde buscadores.

28

Hora de mejorar posicionamiento local

Además de Google My Business, existen otras estrategias para mejorar el posicionamiento local de un negocio físico en los mapas y resultados de búsqueda locales. Vamos a verlas:

- **Optimizar el sitio web** incluyendo keywords locales, la ubicación exacta, teléfono con código de área, etc. Esto ayuda a los motores a entender la relevancia geográfica.
- **Fomentar reseñas de clientes** en directorios locales populares como **Yelp**, **TripAdvisor** o **Zomato**. Las reseñas construyen reputación.
- **Registrar el negocio en directorios locales** de la industria específica, como plataformas de profesionales del sector o asociaciones gremiales.
- **Patrocinar publicaciones y anuncios** relacionados con la ubicación en redes sociales para atraer audiencia local.
- **Realizar marketing digital** segmentando y creando anuncios específicos para los habitantes del área geográfica donde se ubica el negocio.
- **Asociar la marca a eventos y actividades de interés** para la comunidad local.
- **Incluir menciones e interacciones** de influencers locales relevantes.

Con estas y otras técnicas enfocadas en la ubicación se refuerza la autoridad local y se gana visibilidad orgánica en resultados de búsqueda de Google.

Promoción en Google Maps

Partiendo de la base de que ya has configurado tu negocio en Google My Business, esto es lo que tienes que hacer:

- **Fomentar reseñas de clientes** en mi ficha de Google Maps respondiendo y agradeciendo a quienes opinan. Más reseñas positivas dan confianza.
- **Agregar imágenes de alta calidad** y una descripción atractiva con información práctica como horarios, formas de pago, menú, etc. para que el usuario tenga más contexto.
- **Incentivar que mis clientes publiquen fotos originales** en Google Maps check-in o mencionándonos. Las fotos Incrementan atractivo y confianza.
- **Crear publicaciones frecuentes en mi perfil de Google My Business** vinculado a Maps para mantenerlo actualizado.
- Asegurar que la información de empresa, dirección, teléfono y horarios sean correctos y estén actualizados.
- **Responder rápidamente mensajes** y preguntas de usuarios en la ficha de Google Maps.

Por ejemplo, como restaurante podemos ofrecer un postre gratis a clientes que dejen reseña con foto en nuestro perfil de Maps. Esto impulsará nuestra visibilidad local.

CAPÍTULO 8

SEO para ecommerce

✳ Para tiendas online, aplicar SEO específico para e-commerce resulta clave para incrementar la visibilidad de los productos y atraer más tráfico cualificado de usuarios con intención de compra.

Optimización de productos y descripciones

Para un sitio de comercio electrónico, la optimización de las páginas de productos es la base del SEO. Títulos, descripciones y otra información debe optimizarse con el usuario en mente.

PASO 1: INVESTIGACIÓN DE PALABRAS CLAVE

Realiza un análisis exhaustivo de palabras clave relacionadas con tus productos:
- Utiliza herramientas como SEMrush, Ahrefs o Google Keyword Planner para identificar palabras clave relevantes y de alto volumen de búsqueda.
- Prioriza términos que reflejen la intención de compra, como "comprar + [producto]", "mejores + [producto]", "ofertas en + [producto]", entre otros.

PASO 2: CREACIÓN DE DESCRIPCIONES ÚNICAS Y ATRACTIVAS

Elabora descripciones de productos que capten la atención y generen interés:
- Escribe descripciones detalladas y únicas para cada producto, resaltando sus características clave y beneficios.
- Utiliza un tono persuasivo que conecte con las necesidades y deseos de tus potenciales clientes.
- Integra las palabras clave de forma natural y relevante, evitando el exceso de términos clave.

PASO 3: OPTIMIZACIÓN DE IMÁGENES Y MULTIMEDIA

Asegúrate de que las imágenes y otros elementos visuales estén optimizados:
- Utiliza imágenes de alta calidad que muestren el producto desde diferentes ángulos.
- Optimiza los nombres de archivo de las imágenes y las etiquetas ALT para incluir palabras clave relevantes.
- Considera la inclusión de vídeos o demos del producto para mejorar la experiencia del usuario y el tiempo de permanencia en la página.

PASO 4: IMPLEMENTACIÓN DE RICH SNIPPETS Y DATOS ESTRUCTURADOS

Mejora la visibilidad de tus productos en los resultados de búsqueda:
- Utiliza marcado de datos estructurados como Schema.org para proporcionar información detallada sobre tus productos a los motores de búsqueda.
- Implementa Rich Snippets, como valoraciones, precios y disponibilidad, para destacar en los resultados y aumentar el CTR (Click Through Rate).

PASO 5: PRUEBAS Y OPTIMIZACIÓN CONTINUA

Realiza pruebas y ajustes para mejorar constantemente la optimización de productos:
- Realiza pruebas A/B en las descripciones y elementos visuales para identificar qué formatos generan más interacción y conversiones.
- Analiza las métricas clave, como la tasa de conversión y el tiempo en la página, para identificar áreas de mejora y realizar ajustes.

Optimización de productos y descripciones

CONSEJOS CLAVE

- Mantén la coherencia en el tono y el estilo de las descripciones para fortalecer la identidad de tu marca.
- Actualiza regularmente las descripciones para reflejar cambios en los productos o nuevas tendencias del mercado.
- Monitorea las estrategias de palabras clave de la competencia para identificar oportunidades de mejora.

Siguiendo esta estrategia, podrás optimizar eficazmente tus productos y descripciones en tu ecommerce, mejorando la visibilidad en los motores de búsqueda y aumentando las posibilidades de conversión.

Y RECUERDA...

Aunque en una tienda online estés vendiendo un producto, es muy importante que en la página de inicio estén colocadas las categorías de cada producto para que el usuario pueda saber con exactitud que es lo que puede obtener de ti.
A mayores, en la página propia del producto, establece su propio contenido como descripción, tallas... con sus respectivas palabras clave. Puedes fijarte en páginas como MediaMarkt o El Corte Inglés.

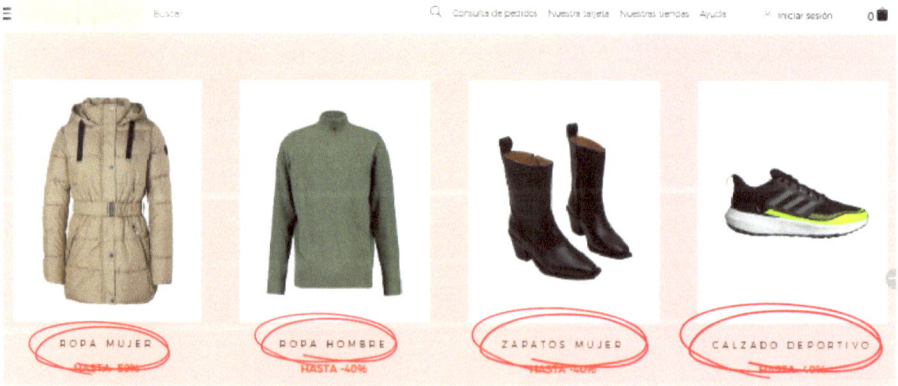

Mejora de la Arquitectura de Información

La arquitectura de la información de un e-commerce, es decir, su estructura y organización, es un factor importante para un SEO optimizado.

PASO 1: ANÁLISIS DE LA ESTRUCTURA ACTUAL

Evalúa la arquitectura de tu sitio web para identificar áreas de mejora:
- Examina la navegación actual del sitio y la organización de categorías y subcategorías.
- Identifica posibles problemas, como páginas huérfanas (sin enlaces internos) o URLs poco amigables.

PASO 2: OPTIMIZACIÓN DE LA NAVEGACIÓN Y JERARQUÍA

Mejora la experiencia de usuario y la estructura del sitio:
- Simplifica la navegación para que los usuarios puedan encontrar fácilmente los productos.
- Crea una jerarquía lógica de categorías y subcategorías, agrupando los productos de manera coherente.

PASO 3: URLS AMIGABLES Y OPTIMIZACIÓN DE ENLACES INTERNOS

Haz que tu sitio sea más accesible y comprensible para los motores de búsqueda:
- Utiliza URLs descriptivas y claras que incluyan palabras clave relevantes.
- Implementa enlaces internos entre productos relacionados para mejorar la relevancia y la experiencia del usuario.

PASO 4: MEJORA DE LA VELOCIDAD DE CARGA Y MOBILE-FRIENDLY

Optimiza el rendimiento del sitio para una mejor experiencia:
- Asegúrate de que tu sitio web cargue rápidamente en todos los dispositivos, especialmente en móviles.
- Utiliza herramientas como Google PageSpeed Insights para identificar y corregir problemas de rendimiento.

MOBILE   DESKTOP

100

http://example.com/

The speed score is based on the lab data analyzed by Lighthouse

Analysis time: 11/12/2018, 9:33:35 AM

Scale ● 90-100 (fast) ● 50-89 (average) ● 0-49 (slow)

Mejora de la Arquitectura de Información

PASO 5: CREACIÓN DE UN MAPA DEL SITIO (SITEMAP) Y ROBOTS.TXT

Facilita a los motores de búsqueda rastrear e indexar tu sitio web:

- Utiliza un archivo robots.txt para controlar qué secciones del sitio deben ser rastreadas por los motores de búsqueda.
- Crea un sitemap XML que liste todas las páginas importantes de tu ecommerce. Para ello, descarga el plugin "Yoast SEO" en tu directorio web. Copia y pega cada sitemap en la aplicacion de Search Console.

XML Sitemap

Generated by **Yoast SEO**, this is an XML Sitemap, meant for consumption by search engines.

You can find more information about XML sitemaps on **sitemaps.org**.

This XML Sitemap Index file contains 23 sitemaps.

Sitemap	Last Modified
https://yoast.com/post-sitemap.xml	2022-08-09 07:20 +00:00
https://yoast.com/page-sitemap.xml	2022-08-05 09:53 +00:00
https://yoast.com/wpkb-article-sitemap.xml	2022-08-09 08:08 +00:00
https://yoast.com/yoast_courses-sitemap.xml	2022-08-02 11:27 +00:00
https://yoast.com/yoast_employees-sitemap.xml	2022-07-29 12:31 +00:00
https://yoast.com/yoast_events-sitemap.xml	2022-08-08 14:52 +00:00
https://yoast.com/yoast_jobs-sitemap.xml	2022-07-27 08:57 +00:00
https://yoast.com/yoast_banen-sitemap.xml	2022-08-01 13:21 +00:00
https://yoast.com/yoast_plugins-sitemap.xml	2022-08-09 08:09 +00:00

CONSEJOS CLAVE

- Prioriza la usabilidad y la facilidad de navegación para los usuarios sobre la optimización exclusiva para motores de búsqueda.
- Realiza pruebas de usuario para validar la efectividad de la nueva estructura y navegación.
- Monitoriza regularmente el rendimiento del sitio y realiza ajustes según el comportamiento del usuario y las métricas de búsqueda.

Con esta estrategia, podrás mejorar la arquitectura de tu ecommerce, lo que no solo beneficiará el SEO, sino que también mejorará la experiencia del usuario, generando más interacciones y conversiones.

Contenidos Centrados en la Intención de Compra

El contenido es la base de cualquier estrategia exitosa de SEO para e-commerce. Debe enfocarse no sólo en keywords, sino en motivar la compra.

PASO 1: IDENTIFICACIÓN DE LA INTENCIÓN DE COMPRA

Comprende las necesidades y motivaciones de tus clientes para crear contenido relevante:
- Analiza las consultas de búsqueda relacionadas con la intención de compra en tu nicho.
- Utiliza herramientas como Google Trends (esta la puedes combinar con extensiones de Chrome como Glimpse) y AnswerThePublic para identificar preguntas y tendencias de compra.

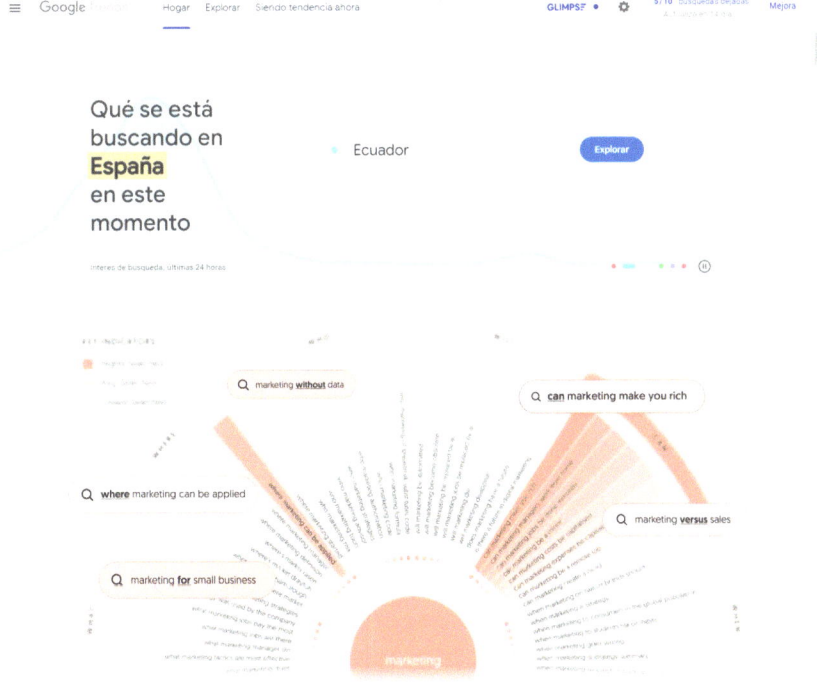

PASO 2: CREACIÓN DE CONTENIDO PERSUASIVO Y ORIENTADO A SOLUCIONES

Desarrolla contenido que guíe a los usuarios hacia la conversión:
- Crea guías de compra detalladas que aborden preguntas comunes y ayuden a los usuarios a tomar decisiones informadas.
- Destaca las características clave, beneficios y soluciones que ofrecen tus productos para resolver las necesidades del cliente.

35

Contenidos Centrados en la Intención de Compra

PASO 3: INCORPORACIÓN DE ELEMENTOS SOCIALES Y DE CONFIANZA

Genera credibilidad y confianza en tus productos y marca:
- Incluye testimonios de clientes satisfechos, reseñas y valoraciones para respaldar la calidad de tus productos.
- Destaca sellos de garantía, certificaciones de seguridad y políticas de devolución para tranquilizar a los compradores potenciales.

PASO 4: OPTIMIZACIÓN PARA BÚSQUEDAS DE PREGUNTAS Y RESOLUCIONES DE PROBLEMAS

Enfoca el contenido en resolver las consultas de los usuarios:
- Identifica y responde a las preguntas frecuentes relacionadas con tus productos o industria.
- Crea contenido específico que aborde problemas comunes o desafíos que enfrentan los consumidores al buscar productos similares.

PASO 5: INTEGRACIÓN DE LLAMADOS A LA ACCIÓN (CTA)

Dirige a los usuarios hacia la acción deseada:
- Utiliza CTA claros y atractivos que inviten a los usuarios a realizar una compra o tomar medidas específicas, como "Compra ahora", "Descubre más", "Suscríbete aquí", entre otros.
- Coloca estratégicamente los CTA en las páginas de productos y en el contenido relevante.

CONSEJOS CLAVE

- Mantén el contenido actualizado y relevante para reflejar cambios en productos o tendencias del mercado.
- Realiza un seguimiento de la interacción del usuario con el contenido para identificar áreas de mejora y oportunidades de optimización.
- Personaliza el contenido según las etapas del embudo de ventas para abordar las necesidades en diferentes momentos del proceso de compra.

Al seguir esta estrategia, podrás crear contenido que no solo atraiga a los usuarios, sino que también los guíe a través del proceso de compra, aumentando las conversiones y fortaleciendo la presencia de tu ecommerce en los motores de búsqueda.

CAPÍTULO 9

SEO
para móviles

En la era actual, la búsqueda móvil supera con creces a la búsqueda desde computadoras de escritorio. Por ello, optimizar la experiencia en dispositivos móviles se ha vuelto indispensable para el SEO.

Diseño Web Adaptable y AMP

1. IMPLEMENTACIÓN DEL DISEÑO WEB ADAPTABLE (RESPONSIVE DESIGN)

Haz que tu sitio sea compatible con múltiples dispositivos:
- **Análisis de la Experiencia del Usuario (UX):**
  - Evalúa la experiencia de navegación en dispositivos móviles. Identifica áreas de mejora en la usabilidad y la visualización del contenido.
- **Adopción del Diseño Responsivo:**
  - Asegúrate de que tu sitio web se adapte automáticamente a diferentes tamaños de pantalla, ofreciendo una experiencia coherente y atractiva en dispositivos móviles y de escritorio.

2. IMPLEMENTACIÓN DE ACCELERATED MOBILE PAGES (AMP)

Optimiza la velocidad de carga de tus páginas móviles con AMP:
- **Integración de Páginas AMP:**
  - Crea versiones simplificadas y de carga ultra rápida de tus páginas utilizando AMP.
- **Marcado de Datos Estructurados:**
  - Implementa marcado de datos estructurados en las páginas AMP para mejorar la visibilidad en los resultados de búsqueda.

3. OPTIMIZACIÓN DEL CONTENIDO PARA DISPOSITIVOS MÓVILES

Adapta tu contenido para una mejor visualización y accesibilidad en móviles:
- **Contenido Adaptado y Conciso:**
  - Revisa y adapta el contenido para dispositivos móviles. Utiliza párrafos cortos, listas y titulares atractivos.
- **Optimización de Imágenes y Multimedia:**
  - Comprime las imágenes y vídeos para una carga más rápida en dispositivos móviles sin sacrificar la calidad visual.

4. PRUEBAS Y MEJORAS CONTINUAS

Realiza pruebas regulares y ajustes para mejorar la experiencia móvil:
- **Herramientas de Prueba de Google**:
  - Utiliza herramientas como Lighthouse y Google PageSpeed Insights para identificar problemas y áreas de mejora.
- **Seguimiento de Métricas de Desempeño:**
  - Monitorea métricas como el tiempo de carga, la tasa de rebote en móviles y el posicionamiento en resultados móviles para realizar ajustes.

Lighthouse

Lighthouse es una herramienta de código abierto desarrollada por Google que se utiliza para auditar y mejorar la calidad de las páginas web. Proporciona informes detallados sobre el rendimiento, la accesibilidad, las mejores prácticas de SEO y la progresividad en la web. Aquí hay una guía básica para comenzar a utilizar Lighthouse mediante 2 opciones:

1. USO A TRAVÉS DE LA EXTENSION DE GOOGLE CHROME

1. **Abre el navegador Google Chrome:** Asegúrate de estar utilizando Google Chrome.
2. **Instala la extensión Lighthouse:**
   - Ve a la Chrome Web Store.
   - Busca "Lighthouse" en la barra de búsqueda.
   - Encuentra la extensión llamada "Lighthouse" desarrollada por Google.
   - Haz clic en "Añadir a Chrome" para instalar la extensión.
3. **Para ejecutar una auditoría, sigue estos pasos**:
- En Chrome, ve a la página que quieras auditar.
- Haz clic en Lighthouse de . Debe estar junto a la barra de direcciones de Chrome. Si no es así, abre el menú de extensiones de Chrome y accede a él desde allí. Después de hacer clic, se expande el menú de Lighthouse.
- Haz clic en Generar informe. Lighthouse ejecuta sus auditorías en la página actual y luego abre una pestaña nueva con un informe de los resultados.

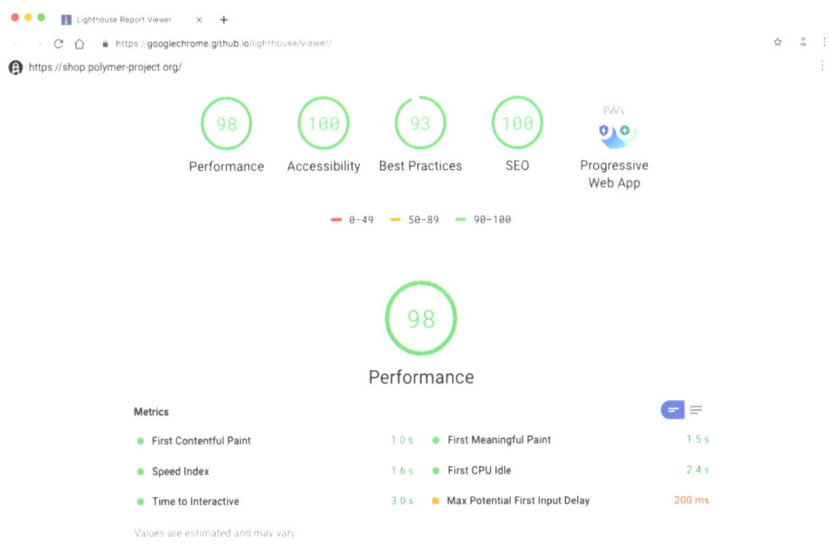

39

2. USO A TRAVÉS DEL NAVEGADOR (GOOGLE CHROME)

1. **Abre el navegador Google Chrome:** Asegúrate de estar utilizando Google Chrome, ya que Lighthouse está integrado en las herramientas para desarrolladores de este navegador.
2. **Accede a las Herramientas para Desarrolladores:**
   - Haz clic derecho en la página web que deseas auditar.
   - Selecciona "Inspeccionar" o presiona Ctrl+Shift+I (Windows/Linux) o Cmd+Opt+I (Mac) para abrir las herramientas para desarrolladores.
3. **Ve a la pestaña "Audits":**
   - En las herramientas para desarrolladores, ve a la pestaña "Audits". Puede ser necesario hacer clic en la flecha desplegable para ver todas las opciones.
4. **Configura las auditorías:**
   - Selecciona las categorías que deseas auditar, como "Performance", "Accessibility", "Best Practices", "SEO", entre otras.
5. **Configura la conexión y el dispositivo:**
   - Puedes simular diferentes conexiones y dispositivos para obtener métricas más representativas. Esto es especialmente útil para evaluar el rendimiento en dispositivos móviles.
6. **Inicia la auditoría:**
   - Haz clic en el botón "Run audits" para que Lighthouse comience a analizar tu página.
7. **Revisa los resultados:**
   - Después de que se complete la auditoría, Lighthouse proporcionará un informe detallado con puntuaciones y recomendaciones para mejorar. Examina las secciones de rendimiento, accesibilidad, buenas prácticas y SEO.

CONSEJOS ADICIONALES

- Explora opciones de la extensión:
  - La extensión Lighthouse puede tener opciones adicionales que puedes explorar según tus necesidades.
- Comparación de versiones:
  - Puedes comparar informes de auditorías anteriores utilizando la extensión.

Esta extensión facilita la realización de auditorías Lighthouse directamente en el navegador, proporcionando resultados detallados y recomendaciones para mejorar tu sitio web. Experimenta con las opciones y métricas disponibles para obtener una visión completa del rendimiento y la calidad de tu página.

Velocidad de Carga en Dispositivos Móviles

1.EVALUACIÓN DE LA VELOCIDAD ACTUAL DEL SITIO MÓVIL

Comienza por analizar el rendimiento actual de tu sitio en dispositivos móviles:

- **Herramientas de Prueba de Velocidad:**
  - Utiliza herramientas como Google PageSpeed Insights, Lighthouse o GTmetrix para evaluar la velocidad de carga en dispositivos móviles.
- **Métricas Clave:**
  - Presta atención a métricas importantes como el tiempo de carga, el First Contentful Paint (FCP) y el Largest Contentful Paint (LCP).

2. OPTIMIZACIÓN DE IMÁGENES Y MULTIMEDIA

Reduzca el tamaño de los archivos multimedia para una carga más rápida:

- **Compresión de Imágenes:**
  - Utiliza herramientas de compresión de imágenes para reducir el tamaño de los archivos sin perder calidad.
- **Formatos Eficientes:**
  - Prefiere formatos de imagen ligeros como WebP y comprime videos para su reproducción eficiente en dispositivos móviles.

3. IMPLEMENTACIÓN DE CACHÉ Y COMPRESIÓN

Mejora la eficiencia del sitio mediante técnicas de almacenamiento en caché y compresión:

- **Caché del Navegador:**
  - Configura adecuadamente la caché del navegador para que los usuarios no tengan que volver a cargar los recursos estáticos en cada visita.
- **Compresión GZIP:**
  - Habilita la compresión GZIP para reducir el tamaño de los archivos CSS, JavaScript y HTML.

4. MINIMIZACIÓN DE CÓDIGO Y REDUCCIÓN DE SOLICITUDES

Optimiza el código y reduce el número de solicitudes al servidor:

- **Minificación de Código:**
  - Minimiza CSS, JavaScript y HTML para eliminar espacios en blanco y comentarios innecesarios.
- **Reducción de Solicitudes:**
  - Combina archivos CSS y JavaScript para reducir el número de solicitudes al servidor.

5.PRUEBAS CONTINUAS Y MONITOREO

Realiza pruebas regulares y monitorea el rendimiento para ajustes continuos:

- **Pruebas de Rendimiento:**
  - Ejecuta pruebas de rendimiento en diferentes situaciones y ubicaciones para evaluar la velocidad de carga en diversas condiciones de red.
- **Seguimiento Continuo:**
  - Utiliza herramientas de monitoreo para rastrear el rendimiento a lo largo del tiempo y ajusta según sea necesario.

Optimización de Contenido para Resultados de Voz

1.INVESTIGACIÓN DE TÉRMINOS DE BÚSQUEDA DE VOZ

Comienza por comprender cómo las personas realizan búsquedas de voz en dispositivos móviles:

- **Análisis de Preguntas Habituales:**
  - Identifica las preguntas más frecuentes y naturales que los usuarios podrían hacer al buscar información relacionada con tus productos o servicios.
- **Palabras Clave de Preguntas:**
  - Incorpora palabras clave que reflejen el lenguaje conversacional y las búsquedas de voz, como "cómo", "qué", "dónde" y "cuándo".

2. CREACIÓN DE CONTENIDO CONVERSACIONAL

Adapta tu contenido para responder a preguntas de manera natural:

- **Redacción Conversacional:**
  - Utiliza un tono conversacional en la redacción del contenido para reflejar la forma en que las personas realizan preguntas de voz.
- **Respuestas Claras y Concisas:**
  - Proporciona respuestas directas y concisas a las preguntas frecuentes en tu industria.

3.ENFOQUE EN FRAGMENTOS DESTACADOS

Optimiza el contenido para aparecer en los fragmentos destacados de Google:

- **Estructura de Respuestas:**
  - Organiza tus respuestas de manera clara y estructurada para facilitar la identificación por parte de los motores de búsqueda.
- **Contenido Resumido:**
  - Proporciona respuestas resumidas y directas que puedan ser utilizadas como fragmentos destacados.

4. IMPLEMENTACIÓN DE DATOS ESTRUCTURADOS

Mejora la comprensión de tu contenido por parte de los motores de búsqueda:

- **Marcado de Preguntas y Respuestas:**
  - Utiliza el marcado de datos estructurados para señalar preguntas y respuestas en tu contenido.
- **Marcado de Datos Específicos:**
  - Implementa marcado de datos estructurados específicos, como Schema.org/QAPage, para contenido basado en preguntas y respuestas.

5.PRUEBAS Y AJUSTES CONTINUOS

Realiza pruebas y ajustes para mejorar la optimización de contenido para búsquedas de voz:

- **Pruebas de Voz en Dispositivos Móviles:**
  - Realiza pruebas de búsqueda de voz en dispositivos móviles para evaluar la efectividad de tu contenido.
- **Seguimiento de Resultados:**
  - Utiliza herramientas analíticas para monitorear la visibilidad y la clasificación de tu contenido en búsquedas de voz.

CAPÍTULO 10

Tendencias de SEO

✳ El SEO es un campo en constante evolución. Los profesionales debemos mantenernos actualizados de las últimas tendencias y cambios en los algoritmos de buscadores para implementar mejoras continuas.

Featured Snippets y PWA

Lograr aparecer en formatos especiales como featured snippets o implementar tecnologías progresivas como PWA son tácticas avanzadas de SEO.

FEATURED SNIPPETS

Los featured snippets son esos recuadros que muestra Google arriba en los resultados de búsqueda con una respuesta directa a la consulta del usuario.

Por ejemplo, para la búsqueda "cómo hacer pan casero", Google muestra un snippet destacado con los pasos más importantes para preparar pan en casa.

Para optimizar para snippets:

- Identifica palabras clave informativas para las que puedas proveer una respuesta completa y concisa. Ejemplo: "como quitar manchas de vino tinto de un mantel blanco".
- Incluye la posible respuesta featured snippet en una etiqueta H2 o dentro del primer párrafo. Ejemplo: "Para quitar manchas de vino tinto de mantel blanco, se recomienda frotar con sal y limón y luego lavar con detergente y agua fría".
- Estructura el contenido respondiendo preguntas frecuentes con datos clave, estadísticas, ejemplos y pasos prácticos.
- Cuida que el contenido sea 100% único. Google penaliza snippets duplicados.
- Optimiza el snippet para voz con transcripciones atractivas.

AQUÍ UN EJEMPLO PRÁCTICO DE CÓMO OPTIMIZAR PARA OBTENER UN FEATURED SNIPPET:

Supongamos que tenemos un sitio web sobre reparación de automóviles y queremos rankear para la búsqueda "**cómo cambiar una rueda pinchada**".

Para optimizar para el snippet:

1. Investigamos la intención del usuario y vemos que es una pregunta informativa frecuente a la que podemos dar una respuesta concisa.
2. Redactamos una posible respuesta featured snippet de este tipo:

"Para cambiar una rueda pinchada se debe encender las balizas, colocar el gato, aflojar los tornillos, retirar la rueda dañada, instalar la de repuesto y ajustar los tornillos nuevamente."

1. Incluimos esta respuesta en una etiqueta H2 o dentro del primer párrafo.
2. Estructuramos el contenido respondiendo la pregunta paso a paso, con tips, ejemplos gráficos y herramientas necesarias.
3. Agregamos un video tutorial embebido para enriquecer la respuesta.
4. Promovemos el contenido para lograr backlinks de sitios de autos.

De esta manera optimizamos el contenido para lograr aparecer como featured snippet de esa búsqueda informativa sobre cambio de ruedas.

PWA: PROGRESIVE WEB APPS

Los PWA son sitios web rápidos, responsivos y con funciones de aplicaciones móviles.

Para convertir un sitio en PWA:

- Utiliza HTTPS, service workers, manifest para habilitar funcionalidades de app nativa.
- Logra tiempos de carga de menos de 3 segundos optimizando imágenes, código, etc.
- Crea un icono de launcher para que se vea como app en pantalla de inicio.
- Diseña en responsive con CSS para ajustar a todos los tamaños de pantalla.
- Almacena contenido en caché para permitir uso offline.
- Envía notificaciones push relevantes para re-engagement.

AQUÍ UN EJEMPLO PRÁCTICO DE CÓMO OPTIMIZAR UN SITIO WEB PARA CONVERTIRLO EN UN PROGRESSIVE WEB APP (PWA):

Imaginemos que tenemos un ecommerce de venta de ropa. Queremos crear una app móvil progresiva para mejorar la experiencia de los usuarios.

Pasos a seguir:

1. Migramos el sitio a HTTPS para cumplir un requisito clave de los PWA.
2. Implementamos un service worker para habilitar funciones como push notifications y caching.
3. Creamos un archivo manifest.json con metadatos e iconos para que se vea como app nativa.
4. Optimizamos imágenes, caching y CSS para lograr tiempos de carga muy rápidos. Apuntamos a menos de 3 segundos.
5. Desarrollamos en responsive design para adaptar el contenido a todos los tamaños de pantalla.
6. Almacenamos el catálogo de productos en cache para permitir compras incluso offline.
7. Enviamos notificaciones push con promociones y novedades para re-engagement.
8. Indexamos en la web app stores de Google para mayor visibilidad.

Con estos pasos prácticos convertiremos la web en un PWA de alto rendimiento, aprovechando las ventajas de apps nativas en tiendas móviles.

IA y Machine Learning aplicadas al SEO

La inteligencia artificial y el Machine Learning son dos tecnologías que están transformando el mundo del marketing digital y el SEO.

Algunos casos de uso para implementar IA y ML en estrategias de optimización:

- Análisis de palabras clave: las herramientas de keyword research están incorporando ML para identificar nuevas oportunidades y tendencias de búsqueda.
- Copywriting optimizado: se pueden usar algoritmos de NLG (natural language generation) para generar borradores de contenido SEO con research e incorporación de keywords. Luego se adapta a un estilo humano.
- Análisis de competidores: el machine learning permite analizar en profundidad a la competencia, extraer insights y oportunidades de mejora comparativa.
- Optimización de imágenes: la IA ayuda a optimizar y generar imágenes, GIFs y videos viralizables para redes sociales, mejorando el social SEO.
- Texto a voz: los avances en NLP facilitan la optimización de contenido para formatos voice search mediante transcripciones optimizadas.
- Automatización de reportes: es posible entrenar algoritmos para la generación automática de reportes SEO periódicos con KPIs y recomendaciones.

Aquí tienes una lista de las herramientas de SEO impulsadas por IA más actualizadas para 2023-2024:

Aplicaciones

- Surfer SEO es una herramienta de optimización de contenido que utiliza IA para ayudar a los especialistas en marketing a crear contenido que sea relevante para las palabras clave objetivo y que cumpla con las mejores prácticas de SEO.
- WordLift es una herramienta de generación de datos estructurados que utiliza IA para ayudar a los especialistas en marketing a crear contenido que sea más visible en los resultados de búsqueda.
- Seobility es una herramienta de análisis de SEO que utiliza IA para ayudar a los especialistas en marketing a identificar oportunidades para mejorar el rendimiento de su sitio web en los motores de búsqueda.
- DeepCrawl es una herramienta de análisis de SEO que utiliza IA para proporcionar información detallada sobre el SEO de un sitio web.

Páginas web

- SERPs.com es un sitio web que utiliza IA para proporcionar información sobre los resultados de búsqueda de Google.
- Ahrefs es una herramienta de análisis de backlinks que utiliza IA para ayudar a los especialistas en marketing a identificar oportunidades para mejorar su perfil de backlinks.
- SEMrush es otra herramienta de análisis de backlinks que utiliza IA para ayudar a los especialistas en marketing a identificar oportunidades para mejorar su perfil de backlinks.
- Moz es una herramienta de SEO todo en uno que utiliza IA para ayudar a los especialistas en marketing con una variedad de tareas, incluidas la investigación de palabras clave, la optimización de la página web y el análisis del rendimiento.
- Majestic es una herramienta de análisis de backlinks que utiliza IA para ayudar a los especialistas en marketing a identificar oportunidades para mejorar su perfil de backlinks.

Extensiones de Chrome

- Keywords Everywhere es una extensión de Chrome que proporciona información sobre las palabras clave objetivo y el volumen de búsqueda.
- Keyword Surfer es otra extensión de Chrome que proporciona información sobre las palabras clave objetivo y el volumen de búsqueda.
- SEO Minion es una extensión de Chrome que proporciona información sobre el SEO de la página web actual.
- SEOquake es una extensión de Chrome que proporciona información sobre el SEO de la página web actual.
- MozBar es una extensión de Chrome que proporciona información sobre el SEO de la página web actual.

Otras herramientas

- AI Assistant de Google Search es un asistente impulsado por IA que puede ayudar a los usuarios con sus consultas de búsqueda.
- Answer the Public es una herramienta que utiliza IA para generar preguntas relacionadas con una palabra clave objetivo.
- DataBox es una herramienta que utiliza IA para ayudar a los usuarios a visualizar sus datos.
- Hummingbird es una herramienta impulsada por IA que puede ayudar a los usuarios a comprender mejor el comportamiento de los usuarios en los resultados de búsqueda.
- SEOnaut es una herramienta de análisis de SEO que utiliza IA para ayudar a los especialistas en marketing a identificar oportunidades para mejorar el rendimiento de su sitio web en los motores de búsqueda.

47

Novedades en algoritmos de Google

Google actualiza constantemente sus algoritmos de búsqueda para mejorar la relevancia de los resultados. Estas actualizaciones pueden afectar el posicionamiento de los sitios web en los resultados de búsqueda, por lo que es importante estar al día con las últimas novedades.

LAS ÚLTIMAS NOVEDADES EN ALGORITMOS DE GOOGLE INCLUYEN:

- **Multitask Unified Model (MUM):** MUM es un modelo de lenguaje que puede comprender y responder a consultas complejas. MUM está siendo utilizado por Google para mejorar la relevancia de los resultados de búsqueda para consultas que requieren una comprensión del contexto.
- **RankBrain:** RankBrain es un algoritmo de aprendizaje automático que ayuda a Google a comprender el significado de las páginas web. RankBrain está siendo utilizado para mejorar la relevancia de los resultados de búsqueda para consultas que no tienen una sola respuesta correcta.
- **BERT:** BERT es un modelo de lenguaje que ayuda a Google a comprender el significado de las palabras en el contexto de una oración. BERT está siendo utilizado para mejorar la relevancia de los resultados de búsqueda para consultas que requieren una comprensión del significado de las palabras.
- **Page Experience:** Page Experience es un conjunto de factores que Google tiene en cuenta al clasificar las páginas web. Los factores de Page Experience incluyen la velocidad de carga de la página, la usabilidad móvil y la seguridad de la página.
- **Core Web Vitals:** Core Web Vitals son un conjunto de tres métricas que Google utiliza para medir la experiencia de usuario de una página web. Las métricas de Core Web Vitals incluyen Largest Contentful Paint (LCP), First Input Delay (FID) y Cumulative Layout Shift (CLS).

ESTRATEGIA GANADORA PARA ADAPTAR LAS ESTRATEGIAS DE SEO A LAS NOVEDADES

- **Mantente al día con las últimas novedades**

El primer paso es estar al día con las últimas novedades en algoritmos de Google. Para ello, puedes seguir los canales oficiales de Google, leer blogs de SEO y participar en comunidades de SEO.

- **Realiza pruebas A/B para probar los cambios**

Una vez que hayas identificado los cambios que quieres realizar, es importante realizar pruebas A/B para probar su impacto. Las pruebas A/B te permiten comparar el rendimiento de dos versiones de una página web para ver cuál tiene un mejor rendimiento en los resultados de búsqueda.

- **Trabaja con un especialista en SEO**

Si no tienes tiempo o experiencia para realizar los cambios necesarios en tu sitio web, puedes trabajar con un especialista en SEO. Un especialista en SEO puede ayudarte a aplicar la estrategia ganadora y mejorar el rendimiento de tu sitio web en los resultados de búsqueda.

CAPÍTULO 11

Linkbuilding avanzado

Más allá de conseguir enlaces de calidad, el linkbuilding avanzado implica estrategias sostenibles para establecer relaciones y desarrollar un perfil de autoridad como líderes de opinión en nuestra industria.

Estrategias de linkbuilding "white hat"

El linkbuilding white hat se refiere a prácticas éticas y conformes a las directrices de los motores de búsqueda para obtener enlaces de calidad. El linkbuilding black hat, por el contrario, utiliza técnicas engañosas que pueden penalizar tu sitio web por parte de Google.

COSAS QUE PUEDES UTILIZAR PARA MEJORAR EL POSICIONAMIENTO DE TU SITIO WEB.

1. Crea contenido de calidad:
El contenido de calidad es la base de cualquier estrategia de linkbuilding white hat. Si creas contenido de calidad que sea relevante para tu público objetivo, es más probable que otros sitios web lo enlacen. Asegúrate de que tu contenido sea original, útil e informativo. También es importante que esté bien escrito y estructurado.

2. Participa en comunidades online:
Participar en comunidades online es una buena manera de conectar con otros profesionales de tu sector y obtener enlaces a tu sitio web. Puedes participar en foros, redes sociales, blogs o cualquier otra comunidad online que sea relevante para tu negocio. Cuando participes en estas comunidades, asegúrate de ser respetuoso y aportar valor. Evita publicar enlaces a tu sitio web de forma indiscriminada.

3. Crea oportunidades de colaboración:
La colaboración con otros sitios web es otra forma de obtener enlaces de calidad. Puedes colaborar con otros sitios web creando contenido conjunto, publicando invitados o participando en intercambios de enlaces. Cuando colabores con otros sitios web, asegúrate de que la colaboración sea mutuamente beneficiosa.

4. Solicita enlaces:
Solicitar enlaces a otros sitios web puede ser una buena manera de obtener enlaces de calidad. Sin embargo, es importante hacerlo de forma profesional y respetuosa. Cuando solicites enlaces a otros sitios web, asegúrate de proporcionarles un buen motivo para enlazarte.

5. Invierte en publicidad:
Invertir en publicidad es una forma rápida y eficaz de obtener enlaces a tu sitio web. Puedes anunciarte en sitios web relevantes para tu negocio o en redes sociales. Cuando inviertas en publicidad, asegúrate de elegir los sitios web y las campañas adecuadas.

Páginas web para intercambiar enlaces	Páginas web para colaborar	Páginas web para comprar y vender enlaces
• LinkExchange	• Coobis	• SEOmoz
• LinkMarket	• PaidContent	• SEMrush
• LinkBuilder	• Bloguers.es	• Ahrefs
• BlogAddMe	• SocialPubli	• Majestic
• MyBlogGuest	• Coobis Media	• MOZ Link Explorer
• BlogoLink	• SocialPubli España	• SEMrush Backlink Audit
• BlogoLinkUp	• 20Minutos	• Ahrefs Backlink Profile
• BlogoLinkExchange	• El País	

CONSEJOS PARA ELEGIR LAS PÁGINAS WEB ADECUADAS

A la hora de elegir las páginas web adecuadas para intercambiar, colaborar, comprar o vender enlaces, es importante tener en cuenta los siguientes factores:

- **Relevancia:** Los sitios web con los que intercambies, colabores o enlaces deben ser relevantes para tu negocio.
- **Autoridad:** Los sitios web con los que intercambies, colabores o enlaces deben tener una buena autoridad.
- **Calidad:** Los enlaces que obtengas deben ser de calidad.
- **Seguridad:** Asegúrate de que las páginas web con las que trabajes sean seguras.

Advertencias

Es importante tener en cuenta que la compra o venta de enlaces puede ser contraproducente para tu sitio web. Google considera que este tipo de prácticas son engañosas y puede penalizar tu sitio web.

Relaciones públicas y contenidos virales

Obtener cobertura en medios y crear contenidos que se vuelvan virales son tácticas de relaciones públicas que pueden generar grandes oportunidades de conseguir backlinks valiosos.

1. CREACIÓN DE CONTENIDO VIRAL

Consejo 1: Identificación de Temas Virales:
- Investiga y analiza los temas y tendencias virales en tu industria. Herramientas como BuzzSumo pueden ser útiles.

Consejo 2: Formatos Atractivos:
- Experimenta con diferentes formatos de contenido, como videos, infografías, memes y contenido interactivo para aumentar la probabilidad de viralización.

Consejo 3: Colaboraciones Estratégicas:
- Colabora con creadores de contenido influyentes o expertos en tu industria para amplificar el alcance de tu contenido.

2. ENFOQUE EN RELACIONES PÚBLICAS

Consejo 1: Identificación de Oportunidades de Medios:
- Investiga y construye una lista de medios de comunicación, blogs y sitios web relevantes para tu industria.

Consejo 2: Desarrollo de Noticias y Eventos:
- Crea noticias y eventos exclusivos que puedan generar interés y cobertura en los medios.

Consejo 3: Comunicados de Prensa Estratégicos:
- Distribuye comunicados de prensa estratégicos sobre tus eventos, logros o lanzamientos importantes.

51

3. MAXIMIZACIÓN DE EXPOSICIÓN

Consejo 1: Estrategia en Redes Sociales:
- Utiliza las redes sociales para promocionar tu contenido viral y las menciones en los medios.

Consejo 2: Participación Activa en Comunidades:
- Participa en foros, grupos y comunidades relevantes, compartiendo contenido valioso y estableciendo tu presencia.

4. CONSTRUCCIÓN GRADUAL DE PERFILES DE AUTORIDAD

Consejo 1: Publicación Consistente de Contenido de Calidad:
- Crea y publica contenido de calidad de manera consistente en tu propio sitio web o blog.

Consejo 2: Contribuciones en Sitios de Autoridad:
- Ofrece contribuciones en sitios de autoridad en tu industria, ya sea mediante guest posts, entrevistas o participación en podcasts.

Consejo 3: Construcción de Backlinks de Autoridad:
- Asegúrate de que los enlaces que construyes provengan de sitios de alta autoridad y estén contextualmente relevantes.

5. EVALUACIÓN CONTINUA Y ADAPTACIÓN

Consejo 1: Análisis de Resultados:
- Utiliza herramientas analíticas para evaluar el rendimiento de tus estrategias de linkbuilding avanzado.

Consejo 2: Ajustes Según Resultados:
- Realiza ajustes en tus enfoques según los resultados obtenidos, identificando oportunidades de mejora y optimización.

ACTUALIZACIONES RECIENTES:

Últimas Tendencias:
- Mantente actualizado sobre las últimas tendencias en SEO y linkbuilding. Las actualizaciones de algoritmos y las preferencias de los usuarios cambian con el tiempo.

Énfasis en la Calidad:
- Google valora más que nunca la calidad sobre la cantidad en el linkbuilding. Un solo enlace de alta calidad puede tener más impacto que varios enlaces de baja calidad.

Contextualización de Enlaces:
- Los enlaces contextuales, aquellos incrustados naturalmente en contenido relevante, ganan importancia. Asegúrate de que tus enlaces se integren de manera orgánica.

Importancia de la Diversificación:
- Diversifica tus estrategias de linkbuilding, no dependas solo de un tipo de táctica. La variedad de enfoques puede ser clave para el éxito a largo plazo.

Construcción de Autoridad y Presencia Sostenible

En el ámbito del linkbuilding avanzado, es esencial adoptar enfoques que destaquen por su calidad, relevancia y sostenibilidad a largo plazo. Dos aspectos cruciales de esta estrategia incluyen la construcción gradual de perfiles de autoridad y la atención a las relaciones públicas y contenidos virales.

1. CREACIÓN DE CONTENIDO VIRAL Y RELACIONES PÚBLICAS

- **Identificación de Temas Virales:** Investiga y analiza los temas y tendencias virales en tu industria utilizando herramientas como BuzzSumo.
- **Formas Atractivas de Contenido:** Experimenta con formatos de contenido como videos, infografías y memes para aumentar la probabilidad de viralización.
- **Colaboraciones Estratégicas:** Colabora con creadores de contenido influyentes o expertos para amplificar el alcance de tu contenido.
- **Identificación de Oportunidades de Medios:** Investiga y crea una lista de medios de comunicación, blogs y sitios web relevantes para tu industria.
- **Creación de Noticias y Eventos:** Desarrolla noticias y eventos exclusivos que generen interés y cobertura en los medios.
- **Comunicados de Prensa Estratégicos:** Distribuye comunicados de prensa sobre eventos, logros o lanzamientos importantes.

2. CONSTRUCCIÓN GRADUAL DE PERFILES DE AUTORIDAD Y ENLACES DE CALIDAD

- **Publicación Consistente de Contenido de Calidad:** Establece un calendario editorial sólido para mantener una publicación consistente de contenido valioso.
- **Contribuciones en Sitios de Autoridad:** Investiga y elabora una lista de sitios web de autoridad en tu nicho que acepten contribuciones de expertos.
- **Desarrollo de Relaciones Profesionales:** Identifica y establece relaciones con actores clave en tu industria, incluyendo líderes de opinión y expertos.
- **Presencia Activa en Redes Sociales y Eventos:** Desarrolla una estrategia efectiva en redes sociales y participa activamente en eventos virtuales y físicos.

3. ÉNFASIS EN CALIDAD Y CONSISTENCIA

- **Evaluación Rigurosa de Sitios de Enlace:** Antes de buscar enlaces, evalúa la calidad y relevancia de los sitios potenciales.
- **Priorizar la Consistencia en Contenidos:** Establece un calendario editorial sólido para mantener una publicación consistente de contenido valioso.
- **Construir Relaciones y Asociaciones Estratégicas:** Identifica y establece relaciones con actores clave en tu industria.
- **Mantener una Presencia Activa:** Desarrolla una estrategia efectiva en redes sociales y participa activamente en eventos virtuales y físicos.

4. EVALUACIÓN CONTINUA Y ADAPTACIÓN ESTRATÉGICA

- **Análisis de Impacto:** Utiliza herramientas analíticas para medir el impacto de tus esfuerzos en la construcción de perfiles de autoridad y la generación de enlaces.
- **Ajustes según Resultados:** Ajusta tu estrategia según los resultados obtenidos. Identifica áreas de mejora y optimiza constantemente.

ACTUALIZACIONES RECIENTES

- **Énfasis en E-A-T:** Google valora cada vez más la Experiencia, Autoridad y Fiabilidad. Asegúrate de que tus contribuciones reflejen estas características.
- **Contenido Evergreen:** Invierte en contenido que mantenga su valor a largo plazo, ya que tiende a atraer más enlaces con el tiempo.
- **Participación Activa en Comunidades Online:** La participación en comunidades online puede contribuir significativamente a tu perfil de autoridad.

Al adoptar esta estrategia integral, podrás consolidar tu presencia en línea, mejorar la calidad de tus enlaces y construir un perfil de autoridad sólido en tu industria.

CAPÍTULO 12

SEM y SEO

✳ El marketing en motores de búsqueda (SEM) y la optimización en motores de búsqueda (SEO) son dos estrategias clave para mejorar el posicionamiento y la visibilidad de un sitio web. Aunque están relacionadas, existen diferencias importantes entre ambas que es bueno entender.

Diferencias entre SEM y SEO

La comprensión de las diferencias fundamentales entre SEM (Search Engine Marketing) y SEO (Search Engine Optimization) es esencial para una estrategia de marketing digital efectiva:

SEM (SEARCH ENGINE MARKETING)

- **Pago por Visibilidad**: SEM implica el uso de anuncios de pago, donde los anunciantes pagan cada vez que un usuario hace clic en su anuncio.
- **Resultados Inmediatos:** Las campañas SEM ofrecen resultados rápidos y visibilidad inmediata en los resultados de búsqueda.

SEO (SEARCH ENGINE OPTIMIZATION)

- **Resultados Orgánicos:** SEO se centra en optimizar el contenido y la estructura del sitio web para mejorar su posición en los resultados de búsqueda orgánicos.
- **Resultados a Largo Plazo:** Los resultados de SEO pueden llevar más tiempo en manifestarse, pero tienen un impacto duradero y sostenible.

La principal diferencia radica en el enfoque de pago de SEM y la naturaleza orgánica de SEO. Mientras que SEM proporciona resultados instantáneos a través de anuncios pagados, SEO se centra en mejorar la visibilidad a lo largo del tiempo mediante la optimización del contenido y la estructura del sitio. Ambos son complementarios y pueden trabajar juntos para potenciar la presencia en línea de una empresa.

Cómo integrar ambos para maximizar resultados

La integración estratégica de SEM (Search Engine Marketing) y SEO (Search Engine Optimization) puede generar sinergias poderosas, maximizando la visibilidad en los motores de búsqueda y mejorando el rendimiento general.

ESTRATEGIAS CLAVE PARA LOGRAR UNA INTEGRACIÓN EFECTIVA:

- **Uso de Palabras Clave Comunes:**
  - Identifica palabras clave que son relevantes tanto para tus campañas SEM como para tus estrategias de SEO. Mantener la coherencia en las palabras clave fortalece la relevancia general.
- **Aprovechamiento de Datos de SEM para SEO:**
  - Analiza los datos generados por tus campañas SEM para comprender qué términos generan más clics y conversiones. Utiliza estos insights para optimizar tu estrategia de SEO. Puedes utliziar el Planificador de Palabras Clave de Google Ads
- **Páginas de Destino Optimizadas:**
  - Asegúrate de que las páginas de destino utilizadas en tus campañas SEM estén optimizadas para SEO. Coordinar la información y la experiencia del usuario fortalece la coherencia y la relevancia.
- **Pruebas A/B Conjuntas:**
  - Implementa pruebas A/B simultáneas tanto en tus campañas SEM como en las páginas de destino de tu estrategia SEO. Esto proporciona información valiosa sobre qué elementos generan mejores resultados.

EJEMPLO PRÁCTICO

Supongamos que tienes una tienda en línea que vende equipos deportivos, y te has dado cuenta de que la palabra clave "Zapatillas Running" tiene un alto rendimiento en tus campañas SEM. Aquí está cómo puedes integrar SEM y SEO para maximizar resultados:

1. **Identificación de Palabras Clave Estratégicas:**
   - En tus campañas SEM, descubres que variaciones como "mejores zapatillas para correr" y "zapatillas running de alta calidad" generan más clics y conversiones. Considera sinónimos, variantes y términos de cola larga.
2. **Optimización del Contenido SEO:**
   - Incorpora estas variaciones de palabras clave en el contenido de tu sitio web, especialmente en las páginas relacionadas con zapatillas para correr. Asegúrate de que el contenido sea valioso y relevante para los usuarios.
3. **Coherencia en Mensajes:**
   - Mantén coherencia en los mensajes entre tus anuncios SEM y el contenido SEO. Los usuarios deben encontrar lo que esperan al hacer clic en tu anuncio y visitar tu sitio web.

4. Páginas de Destino Específicas:
- Crea páginas de destino específicas para la palabra clave "Zapatillas Running" que sean utilizadas tanto en tus campañas SEM como en tu estrategia SEO. Estas páginas deben estar optimizadas para conversiones.

5. Estructuración de URL SEO-Amigables:
- Asegúrate de que las URL de las páginas de destino estén optimizadas para SEO. Utiliza estructuras de URL descriptivas que incluyan la palabra clave, como "tutienda.com/zapatillas-running".

6. Etiquetas Meta Optimizadas:
- Personaliza las etiquetas meta de tus páginas para reflejar la palabra clave objetivo. Las metaetiquetas, como el título y la descripción, deben ser atractivas y relevantes.

7. Implementación de Marcado de Esquema:
- Utiliza el marcado de esquema (Schema Markup) para proporcionar información estructurada a los motores de búsqueda sobre tus productos. Esto puede mejorar la visibilidad de tus productos en los resultados de búsqueda.

TRUCOS CLAVE:

- **Remarketing Estratégico:**
  - Utiliza listas de remarketing generadas a partir de las campañas SEM para adaptar tu estrategia de SEO. Puedes personalizar mensajes específicos para usuarios que interactuaron previamente con tus anuncios de pago.
- **Análisis Continuo:**
  - Realiza un análisis continuo de los datos generados por ambas estrategias. Aprovecha herramientas analíticas para identificar patrones y oportunidades de mejora.
- **Pruebas Constantes:**
  - Experimenta con diferentes variaciones de anuncios y contenido SEO. Realiza pruebas constantes para determinar qué enfoques generan los mejores resultados.
- **Aprovechamiento de Extensiones de Anuncios:**
  - Si las extensiones de anuncios están generando buenos resultados en SEM, considera incorporar elementos similares en tus descripciones de meta y contenido SEO.
- **Configuración de Segmentación Geográfica:**
  - Aprovecha las opciones avanzadas de segmentación geográfica en tus campañas SEM para dirigirte a audiencias específicas. Adapta la estrategia de SEO para regiones específicas si es necesario.
- Implementación de Redirecciones 301:
  - Si actualizas la estructura de tus URLs, asegúrate de implementar redirecciones 301 desde las antiguas a las nuevas. Esto ayuda a mantener la autoridad de la página y evitar enlaces rotos.

RESULTADO ESPERADO:

La integración técnica efectiva de SEM y SEO debería resultar en una mayor visibilidad, tanto a través de anuncios pagados como de resultados orgánicos, para términos clave específicos como "Zapatillas Running".

Campañas de Pago Optimizadas para SEO

La optimización estratégica de campañas de pago (SEM) no solo genera resultados inmediatos sino que también puede potenciar significativamente la estrategia de SEO a largo plazo.

CÓMO APROVECHAR AL MÁXIMO TUS CAMPAÑAS DE PAGO PARA IMPULSAR TUS ESFUERZOS DE OPTIMIZACIÓN ORGÁNICA

1. **Uso Estratégico de Palabras Clave:**
   - La selección cuidadosa de palabras clave es crucial tanto para SEM como para SEO. Identifica términos relevantes para tu audiencia y negocio.
   - Consejo: Selecciona palabras clave que tengan un alto rendimiento en SEM y que también sean pertinentes para tu estrategia SEO. Asegúrate de que estas palabras clave se integren naturalmente en tu contenido y metaetiquetas.

2. **Landing Pages SEO-Amigables:**
   - La coherencia entre tus anuncios y las páginas de destino mejora la experiencia del usuario, un factor clave para el SEO.
   - Consejo: Asegúrate de que las páginas de destino utilizadas en tus campañas SEM estén optimizadas para SEO. Mantén la relevancia del contenido y la estructura del sitio.

3. **Pruebas A/B con Mensajes SEO-Relevantes:**
   - Las pruebas A/B son esenciales para optimizar cualquier campaña digital. Evalúa no solo el rendimiento de clics sino también la resonancia de los mensajes con tus objetivos de SEO.
   - Consejo: Realiza pruebas A/B en tus anuncios SEM, incorporando mensajes que también reflejen tu estrategia SEO. Ajusta según los resultados obtenidos.

4. **Extensión de Anuncios SEO-Friendly:**
   - Las extensiones de anuncios ofrecen espacio adicional para promover elementos específicos de tu negocio, que también pueden ser relevantes para tu SEO.
   - Consejo: Utiliza extensiones de anuncios que destaquen aspectos de tu oferta que también sean pertinentes para tu estrategia SEO. Por ejemplo, características especiales de productos o políticas empresariales.

ESTRATEGIA PARA MAXIMIZAR RESULTADOS

1. **Análisis de Consultas de Búsqueda:** Analiza las consultas de búsqueda utilizadas por los usuarios que hicieron clic en tus anuncios SEM. Ajusta tu estrategia de SEO para incluir variaciones relevantes de esas consultas.

2. **Información de Audiencia de SEM para Estrategia SEO:** Utiliza datos de audiencia recopilados de campañas SEM para comprender mejor a tu público objetivo. Adapta tu estrategia de contenido SEO para abordar las necesidades y preguntas específicas de esa audiencia.

59

3.Retargeting para Fortalecer la Presencia de Marca: Implementa estrategias de retargeting en campañas SEM para reforzar la presencia de marca. La familiaridad con la marca puede influir positivamente en la percepción de los usuarios y en su propensión a hacer clic en resultados orgánicos.

4.Aprovechamiento de Datos de Conversiones: Utiliza datos de conversiones de campañas SEM para identificar productos o servicios más populares. Optimiza el contenido y la estructura del sitio web para destacar estos elementos.

RESULTADO ESPERADO

Esta estrategia integrada no solo mejora los resultados inmediatos de clics y conversiones, sino que también sienta las bases para un SEO más efectivo. La coherencia en mensajes y la adaptación estratégica basada en datos proporcionarán una presencia en línea más robusta y efectiva, tanto en el ámbito pagado como en el orgánico. ¡Aprovecha esta sinergia para impulsar tu presencia en línea!

¡Enhorabuena!
¡Has llegado al final!

AQUI ACABA NUESTRO APRENDIZAJE. TIENES UN RESUMEN A TU DISPOSICIÓN CON LOS PUNTOS CLAVES

El SEO, o Search Engine Optimization, es una estrategia fundamental para mejorar la visibilidad de tu sitio web en los motores de búsqueda. Aquí hay 15 puntos clave que abordan diferentes aspectos del SEO, desde la definición básica hasta estrategias avanzadas:

1. **Definición sencilla de SEO:** Estrategias para mejorar la visibilidad en motores de búsqueda.
2. **Estructura de URLs amigables:** URLs descriptivas y fáciles de entender.
3. **Contenido optimizado con palabras clave:** Integración natural de keywords relevantes.
4. **Backlinks de calidad:** Obtención de enlaces de sitios confiables.
5. **Google Analytics y Search Console:** Herramientas esenciales de análisis y monitorización.
6. **Errores comunes y soluciones:** Evita prácticas perjudiciales y aprende a corregirlas.
7. **Intención de búsqueda del usuario:** Crea contenido que responda a necesidades específicas.
8. **Optimización local:** Mejora perfiles en Google My Business y destaca en búsquedas locales.
9. **SEO para ecommerce:** Optimización de productos, arquitectura y contenido centrado en la compra.
10. **SEO para móviles:** Diseño adaptable, velocidad de carga y contenido optimizado para voz.
11. **Tendencias de SEO:** Destaca en featured snippets, PWA y comprende el impacto de IA.
12. **Linkbuilding avanzado:** Estrategias white hat, relaciones públicas y contenido viral.
13. **Integración de SEM y SEO:** Comprende las diferencias y optimiza campañas de pago para beneficios SEO.
14. **Campañas de pago optimizadas:** Utiliza SEM para potenciar resultados SEO a largo plazo.
15. **Novedades en algoritmos de Google:** Mantente actualizado sobre cambios clave en los algoritmos.

VOCABULARIO DE UTILIDAD
EN EL MUNDO SEO

- **SEO (Search Engine Optimization):** Estrategias para mejorar la visibilidad de un sitio web en motores de búsqueda.
- **URL:** Localizador uniforme de recursos, dirección web que identifica un recurso en internet.
- **Backlinks:** Enlaces que apuntan hacia una página web desde otro sitio.
- **Google Analytics:** Herramienta de análisis web para comprender el tráfico y comportamiento del usuario.
- **Search Console:** Herramienta de Google para monitorear el rendimiento de un sitio en los resultados de búsqueda.
- **Keywords:** Palabras clave que describen el contenido y son utilizadas en estrategias de SEO.
- **Intención de búsqueda:** Razón detrás de una consulta de búsqueda, como informativa, transaccional o de navegación.
- **Google My Business:** Plataforma para gestionar la presencia en línea de un negocio local en Google.
- **Ecommerce:** Comercio electrónico, venta de productos o servicios en línea.
- **Responsive Design:** Diseño web que se adapta a diferentes dispositivos y tamaños de pantalla.
- **AMP (Accelerated Mobile Pages):** Tecnología para cargar páginas web de manera rápida en dispositivos móviles.
- **Featured Snippets:** Fragmentos destacados en los resultados de búsqueda que muestran información directa.
- **PWA (Progressive Web App):** Aplicación web progresiva que ofrece una experiencia similar a la de una aplicación nativa.
- **IA (Inteligencia Artificial):** Tecnología que permite a las máquinas aprender y realizar tareas inteligentes.
- **Machine Learning:** Subcampo de la IA que permite a las computadoras aprender y mejorar con la experiencia.
- **Algoritmo de Google:** Conjunto de reglas y fórmulas utilizado por Google para clasificar los resultados de búsqueda.
- **Linkbuilding:** Estrategia para obtener enlaces de calidad que apunten hacia un sitio web.
- **Redes Sociales:** Plataformas en línea para la interacción social y la distribución de contenido.
- **Conversiones:** Acciones deseadas realizadas por los usuarios, como completar un formulario o realizar una compra.
- **Landing Page:** Página web diseñada para recibir tráfico y convertir visitantes en clientes o leads.
- **Meta Description:** Breve descripción que aparece en los resultados de búsqueda para informar sobre el contenido de una página.
- **Crawler:** Programa utilizado por los motores de búsqueda para explorar e indexar contenido web.
- **Indexación:** Proceso mediante el cual los motores de búsqueda almacenan y organizan el contenido de la web.
- **Sitemap:** Archivo que lista las páginas de un sitio web y facilita la indexación por parte de los motores de búsqueda.

- **Robots.txt:** Archivo utilizado para controlar qué partes de un sitio web pueden ser rastreadas por los motores de búsqueda.
- **Canonical Tag:** Etiqueta HTML utilizada para indicar la versión preferida de una página cuando existen duplicados.
- **Anchor Text:** Texto visible en un enlace, que indica el contenido de la página enlazada.
- **SERP (Search Engine Results Page):** Página de resultados de búsqueda en un motor de búsqueda.
- **Nofollow:** Atributo utilizado en enlaces para indicar a los motores de búsqueda que no sigan ese enlace.
- **Alt Text:** Texto descriptivo utilizado en una etiqueta de imagen para describir su contenido.
- **Long Tail Keywords:** Frases de búsqueda específicas y detalladas que suelen tener menos competencia.
- **Crawling Budget:** La cantidad de tiempo y recursos que un motor de búsqueda dedica a rastrear un sitio web.
- **Schema Markup:** Código agregado a un sitio web para proporcionar información estructurada a los motores de búsqueda.
- **Bounce Rate:** Porcentaje de visitantes que abandonan un sitio web después de ver una sola página.
- **Canonicalization:** Proceso de elegir la mejor URL cuando hay varias versiones de una página.
- **Organic Traffic:** Visitantes que llegan a un sitio web a través de resultados de búsqueda no pagados.
- **Above the Fold:** Área visible en la pantalla sin necesidad de hacer scroll.
- **Conversion Rate Optimization (CRO):** Estrategias para mejorar la tasa de conversión de un sitio web.
- **Exit Rate:** Porcentaje de visitantes que abandonan un sitio web desde una página específica.
- **Cross-Linking:** Estrategia de enlazar internamente entre diferentes páginas de un mismo sitio web.

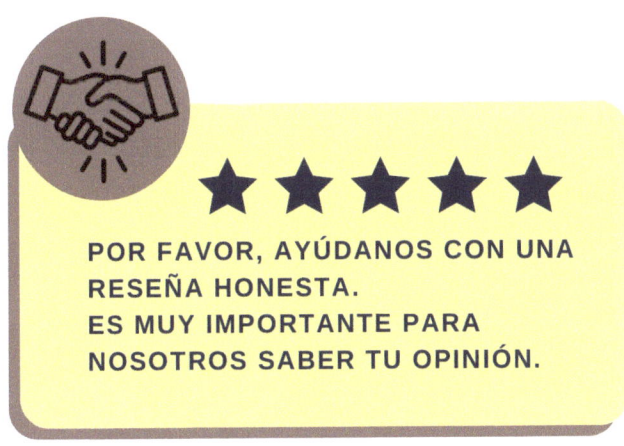

POR FAVOR, AYÚDANOS CON UNA RESEÑA HONESTA. ES MUY IMPORTANTE PARA NOSOTROS SABER TU OPINIÓN.

LIBRO RECOMENDADO

Si lo que necesitas es **controlar la IA** al máximo para crear contenido SEO, **este ebook es para ti.**

Esta información te vendrá genial para completar el **Capítulo 10: Tendencias de SEO** "IA y machine learning aplicadas al SEO"

OTROS LIBROS DE LOS AUTORES

Puedes encontrar en la plataforma de compra más libros escritos por nosotros.

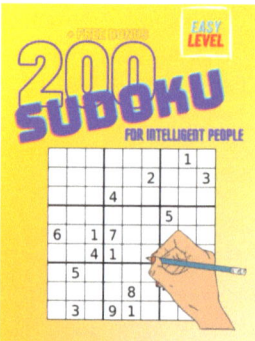

NO DUDES EN VISITAR NUESTRA WEB

En **consultadelta.com** puedes encontrar muchos artículos, posts, infografías, videos y recursos gratuitos. **¡Te esperamos!**

www.ingramcontent.com/pod-product-compliance
Lightning Source LLC
Chambersburg PA
CBHW040311010626
45792CB00022B/133